Table des Matières

Je réagis, donc je suis !

Comprendre le **TOP** et ses cousins cachés

TDA/H, TSA, HPI & compagnie !

Le manuel de survie pour les rebelles involontaires

(et leur entourage)

Par Noëlle MONGE

AW Edit° - Octobre 2024

JE RÉAGIS, DONC JE SUIS !

Qui suis-je ?

Blogueuse passionnée et engagée sur atypiqueworld.com, je suis spécialisée dans les besoins spécifiques des personnes ayant des troubles invisibles, tels que le TSA (Trouble du Spectre de l'Autisme), le TDA/H (Trouble Déficitaire de l'Attention avec ou sans Hyperactivité) et la dyslexie. Mon rôle est de créer des contenus inspirants et informatifs pour aider les personnes concernées et leurs proches à mieux comprendre et à vivre avec ces différences au quotidien, avec humour, authenticité et bienveillance.

Tout au long de mon parcours, j'ai partagé mon vécu personnel en tant que femme autiste et TDA/H, et j'ai exploré des thématiques telles que l'acceptation de soi, la gestion des émotions et les stratégies pour naviguer dans un monde pas toujours adapté. Mon blog Atypique World est un espace de partage et de soutien pour donner la parole à ceux qui se sentent parfois incompris ou invisibles.

Lorsque je ne suis pas occupée à écrire de nouveaux articles, j'aime me plonger dans la création de livres. Je suis convaincue que l'écriture, sous toutes ses formes, peut ouvrir des horizons et offrir un espace d'expression unique à chacun.

Chaque petite action peut faire une différence immense dans la vie des personnes neuro-atypiques et de leurs proches. C'est pourquoi j'espère sincèrement que mon travail peut apporter un peu de lumière et d'optimisme, tout en contribuant à une meilleure compréhension de la diversité neurologique.

Si vous avez des questions, des remarques ou si vous souhaitez signaler une erreur ou une inexactitude dans ce livre – que je corrigerai immédiatement –, n'hésitez pas à me contacter à contact@noelle-monge.fr. Je vous répondrai dans les plus brefs délais !

Introduction

La grande découverte du diagnostic de TOP

Il y a quelques années, bien avant mon diagnostic de TSA et TDA, un collègue bien intentionné, mais clairement en manque d'inspiration ce jour-là, m'a regardée droit dans les yeux et m'a dit : « Tu es un vrai cas de TOP. »

— TOP ?

Sur le coup, j'ai pensé qu'il me décernait un titre honorifique, genre « TOP chef », « TOP model » ou « TOPissime ». Ça sonnait presque comme un compliment, non ? J'étais prête à lancer ma petite danse de la victoire en mode « Yes, I'm the TOP ! ».

Mais le triomphe fut de courte durée. J'ai vite compris qu'on ne parlait pas de ma carrière de mannequin ratée ou de mes talents culinaires (que tout le monde sait exceptionnels quand il s'agit de réchauffer une pizza). Non, on me parlait de Trouble Oppositionnel avec Provocation. Et là, mon sourire s'est figé, transformé en cette expression confuse qui dit : « Pardon ? Vous êtes sûr que vous ne vous trompez pas de personne ? »

Donc, me voilà, armée de ma curiosité légendaire et de mon moteur de recherche favori, tapotant furieusement « TOP définition » sur mon clavier. Et là... surprise ! Ce n'était pas vraiment ce que j'avais imaginé. Apparemment, être un TOP, ce n'est pas se balader avec une cape de super-héros ou grimper sur des podiums. Non, c'est plutôt être vue comme une sorte de rebelle sans cause, avec une tendance à contester l'autorité, à bouder les règles et à râler un peu... beaucoup... passionnément.

« Quoi ? Moi, rebelle ? » Enfin... rebelle ? Moi ?

J'avoue, j'aime bien m'opposer de temps en temps, mais c'est juste parce que je trouve que « oui » est un mot sur-utilisé. Et puis, qui n'aime pas un petit débat animé pour pimenter la vie, hein ?

Je pensais juste être une femme avec du caractère ! Alors, j'ai décidé d'enquêter un peu plus sur ce drôle de diagnostic. Je voulais comprendre pourquoi ce type m'avait collé cette étiquette, et surtout, pourquoi elle ne me ressemblait pas du tout.

Ce livre est né de cette quête un peu loufoque, mais très instructive. Parce que, franchement, quand la société te colle une étiquette, autant vérifier qu'elle est à la bonne taille et surtout qu'elle ne gratte pas trop, avant de l'accepter, non ?

Plongeons dans le monde des acronymes...

Parce qu'il existe des similitudes entre le TOP, le TDA/H, et la réactance psychologique (entre autres). Ces acronymes qu'on nous colle comme des étiquettes à vie sont souvent confondus, et l'ignorance de certains nous enferme dans des cases qui ne sont pas à notre taille. Et puis soyons honnêtes, ces trois termes font déjà un peu mal à la tête, alors si nous pouvons éviter de rajouter des migraines à notre liste de courses, autant le faire ! Mais surtout, parce que je me suis dit que si moi, avec mon esprit curieux et mon café XXL à la main, j'avais du mal à comprendre ce qui se passe dans mon propre cerveau, peut-être que d'autres se sentent tout aussi perdus dans ce labyrinthe de diagnostics.

Le TOP, c'est quoi au juste ? Un trouble ? Une tendance ? Un club secret de gens qui adorent dire "non" juste pour le plaisir ? Et le TDA/H, cette étiquette qu'on balance dès que quelqu'un a l'audace de zapper d'une idée à l'autre plus vite qu'une télécommande surchauffée ? Et ne me lance même pas sur la réactance psychologique, ce terme super sérieux qui pourrait être le nom d'un groupe de rock alternatif, mais qui en réalité cache un mécanisme de défense digne d'un ninja face à la contrainte !

Mon objectif ici, est de démystifier tout ça, de mettre les choses à plat et de lever le voile sur ces comportements qui, de l'extérieur, peuvent sembler étranges, exaspérants ou simplement incompréhensibles. Parce que soyons clairs : ce n'est pas parce qu'on a un TOP ou un TDA/H qu'on est une énigme vivante, ou qu'on doit finir enfermé dans une boîte avec une étiquette dessus. Nous sommes bien plus que des acronymes !

Ensemble, on va décortiquer tout ça et apprendre à voir ces « traits de caractère » sous un autre angle. Tu vas découvrir que le TOP, ce n'est pas seulement un trouble, mais parfois une forme de créativité mal comprise. Que le TDA/H, ce n'est pas juste être "hyperactif", mais souvent être doté d'une pensée en arborescence époustouflante. Et que la réactance psychologique ? Eh bien, disons que c'est l'art subtil de ne pas se laisser marcher sur les pieds... avec une touche de flair dramatique en bonus.

En clair, ce livre n'est pas là pour te donner des leçons de vie ou te dire comment être "normal" (c'est quoi, être normal déjà ?). Il est là pour t'aider à comprendre pourquoi ton cerveau aime parfois prendre des chemins de traverse, et comment faire pour que ces détours deviennent des voyages enrichissants plutôt que des courses d'obstacles.

Parce qu'au fond, savoir qui on est, c'est déjà une grande victoire. Et promis, pas de jargon médical barbant, juste des explications claires, des anecdotes, et beaucoup de moments où on se dira : "Ah, mais c'est donc ça !"

Le TOP

Trouble Oppositionnel avec Provocation, ou l'art de dire "non" avec style

Ce trouble, sur le papier, ressemble à une pathologie complexe mais qui, en réalité, est un peu l'art subtil de dire "non" avec panache. Tu sais, ce petit truc qui fait qu'un enfant va regarder droit dans les yeux son parent épuisé et décréter avec la fermeté d'un président de conseil : "Non, je ne rangerai pas ma chambre !". Eh bien, le TOP, c'est ça... mais en version persistante, évolutive, et parfois, très, très têtue.

Le DSM-5 à la rescousse !

Le DSM-5 c'est le grand manuel des troubles mentaux des experts. Selon ce manuel, le TOP n'est pas juste une phase de rébellion passagère qu'on traverse avec quelques portes claquées. Non, non. Pour se voir décerner le "titre" de TOP, il faut remplir quelques critères bien précis. Parce que oui, même dans la provocation, il y a des règles !

Voici comment cela fonctionne. Le TOP est un trouble comportemental diagnostiqué quand une personne présente, pendant au moins six mois, quatre (ou plus) des comportements suivants, répartis dans trois catégories principales :

Une humeur colérique ou irritable

- Se met souvent en colère (genre, plusieurs fois par jour, pas juste une fois parce que la machine à café a encore fait des siennes).

- Est souvent susceptible ou facilement agacé par les autres (oui, même quand quelqu'un respire trop fort à côté).

● Est souvent fâché et rancunier (par exemple, se souvenir pendant trois mois que quelqu'un a osé manger son dernier morceau de chocolat).

Un comportement argumentatif ou provocateur

● Conteste souvent les personnes en position d'autorité (par exemple, expliquer à son patron pourquoi il a tort de manière régulière et passionnée).

● Refuse souvent de se conformer aux règles ou aux demandes des figures d'autorité (comme décider que "non", 8h du matin, c'est une heure indécente pour une réunion).

● Embête délibérément les autres (Le sourire en coin quand quelqu'un demande de l'aide et qu'on répond par une question ?).

● Blâme souvent les autres pour ses propres erreurs ou mauvais comportements (le chat est toujours une bonne excuse).

Un caractère vindicatif

A été méchant ou vindicatif au moins deux fois au cours des six derniers mois (du genre, cacher la télécommande juste pour le plaisir de regarder les autres la chercher).

Et là, tu te dis peut-être, "Bon, ça pourrait être moi lors d'une mauvaise journée !" Eh bien, le TOP, c'est ce comportement... mais sur une base régulière, persistante, et dans plusieurs contextes (à la maison, à l'école, au travail...). C'est-à-dire que ce n'est pas juste une réaction passagère à un mauvais café ou à une journée pourrie.

Les autres critères du TOP

En plus, pour obtenir ce diagnostic étoilé, ces comportements doivent également :

1. Provoquer une détresse significative chez l'individu ou dans son

entourage (si tout le monde commence à marcher sur des œufs autour de toi... ça compte).

2. Nuire de manière significative au fonctionnement social, éducatif, professionnel, ou dans d'autres domaines importants de la vie (par exemple, perdre plusieurs emplois pour cause de disputes incessantes sur le dress code).

3. Et ce n'est pas tout ! Ces comportements ne doivent pas être exclusivement observés dans le cadre d'un autre trouble (comme une dépression sévère ou un épisode de trouble bipolaire) et doivent être excessifs par rapport à ce qui est typique pour l'âge mental de l'individu.

Les niveaux de sévérité

Le DSM-5 adore les nuances, alors il précise aussi trois niveaux de sévérité pour le TOP :

● **Léger**

Les symptômes ne se manifestent que dans un seul contexte (par exemple, à la maison, mais pas au travail).

● **Modéré**

Les symptômes se manifestent dans au moins deux contextes (à la maison et au travail, par exemple).

● **Sévère**

Les symptômes se manifestent dans trois contextes ou plus (à la maison, au travail, chez le boulanger, bref, partout !).

En gros, pour mériter ce diagnostic, il faut vraiment montrer une belle constance dans l'art de s'opposer et de provoquer, peu importe où on se trouve !

Voilà donc pour le TOP, un trouble où l'on se distingue par une opposition persistante et provocante, allant bien au-delà des caprices occasionnels et des rébellions passagères. Ce n'est pas juste un "mauvais caractère", c'est un mode de fonctionnement qui, souvent, dépasse ce que l'on pourrait considérer comme "normal" pour une personne de cet âge et dans ce contexte. Et maintenant que tout ça est bien clair, on peut enfin passer à la suite, et démêler le reste de ces joyeux acronymes ensemble !

Le TOP : Enfant ou adulte, pas tout à fait le même film !

QUAND ON ENTEND "TROUBLE Oppositionnel avec Provocation", on pense souvent à l'enfant qui se roule par terre au supermarché parce qu'il veut des bonbons, ou à l'adolescent qui hausse les épaules en marmonnant un "de toute façon, c'est nul" dès qu'on lui demande de ranger sa chambre. Mais voilà, ce qui est un peu moins connu, c'est que le TOP, ça ne disparaît pas comme par magie une fois les hormones de l'adolescence calmées et la pilosité enfin domptée. Chez certains, le TOP peut persister à l'âge adulte, mais sous une forme un peu... disons, plus sophistiquée.

Une version haute définition de la contestation

Chez les enfants, le TOP est souvent spectaculaire. On est dans le drame familial à grand spectacle. C'est-à-dire des colères bruyantes, des refus catégoriques de suivre les consignes, des disputes avec les copains de classe (parce que quelqu'un a osé dire que *Pikachu* est meilleur que *Bulbizarre*), et des crises de nerfs mémorables qui transforment une simple sortie en enfer logistique pour les parents.

Les comportements typiques incluent

- **Des crises de colère éclatantes**

Des tempêtes émotionnelles à la hauteur des ouragans tropicaux, à la moindre frustration.

- **Un refus constant de se conformer aux règles**

Même celles qui semblent évidentes, comme "ne pas colorier le mur de la cuisine avec des feutres".

● Une tendance à argumenter avec les adultes

Et pas juste pour le plaisir de débattre ; ici, il s'agit de contester tout, tout le temps, du "range ton manteau" au "fais tes devoirs", en passant par le classique "non, je ne me coucherai pas".

● Des comportements de provocation

Juste pour tester les limites, histoire de voir jusqu'où ça peut aller (spoiler : ça peut aller loin).

Là où c'est plus flagrant chez l'enfant, c'est qu'il n'y a pas encore cette finesse sociale qu'un adulte peut avoir développé pour masquer sa rébellion. Quand un enfant est opposant, il n'y va pas par quatre chemins, il s'exprime de manière directe et parfois sans filtre. C'est le "non" en pleine figure, avec tous les effets spéciaux inclus.

Le TOP chez les adultes, une version camouflée et élaborée

(Le TOP chez l'adulte est détaillé au chapitre suivant)

Maintenant, passons succinctement à la version adulte du TOP, qui ressemble moins à un film d'action et plus à un thriller psychologique avec des rebondissements subtils. Chez l'adulte, le TOP ne s'exprime plus de façon aussi directe. Finies les crises de colère en public (enfin, la plupart du temps), mais ça ne veut pas dire que le trouble a disparu. Il a juste appris à se fondre dans le décor, à devenir plus discret, plus stratégique. En gros, le TOP adulte, c'est comme un espion qui opère sous couverture.

Voici quelques signes caractéristiques du TOP chez l'adulte :

● La résistance passive

Plutôt que de jeter une assiette par terre, un adulte avec TOP peut ignorer les instructions avec une habileté toute particulière. Traîner des pieds pour accomplir une tâche, procrastiner de manière artistique, ou minimiser l'effort dans tout ce qu'il n'a pas envie de faire. C'est l'art de ne pas se conformer, sans faire de vague... ou presque.

• L'argumentation constante

L'adulte avec TOP a souvent un talent certain pour transformer la moindre consigne en débat philosophique de deux heures. Tu avais demandé à ton collègue de remplir un rapport avant midi ? Attends-toi à une dissertation sur l'absurdité des délais et sur la liberté d'expression professionnelle.

• Une méfiance prononcée envers l'autorité

L'adulte avec TOP peut avoir une aversion pour toute forme de hiérarchie. Les règles du bureau ? Injustes ! Les lois de la société ? Arbitraires ! Les directives de la direction ? Oppressives ! Bref, le défi de l'autorité est omniprésent, mais il est souvent masqué derrière un vernis de légitimité.

• Un cynisme ou une hostilité latente

Là où l'enfant se met en colère, l'adulte TOP affiche souvent un sourire en coin sarcastique ou une remarque piquante pour exprimer son désaccord. C'est moins direct, mais tout aussi efficace pour maintenir l'opposition.

• Défiance dans les relations personnelles

Là où un enfant peut se battre avec son copain de classe, un adulte avec TOP peut se montrer hyper-sensible aux critiques et prendre toute suggestion comme une attaque personnelle. Cela rend les relations parfois tendues, car ses proches peuvent avoir l'impression de marcher sur des œufs.

• Des comportements impulsifs ou irresponsables

Quitter un emploi du jour au lendemain parce qu'on n'aime pas être encadré, refuser une opportunité parce qu'elle impose des conditions strictes... Tout cela, c'est du TOP en action.

● **Des conflits professionnels fréquents**

Les adultes avec TOP peuvent se retrouver souvent en désaccord avec leurs collègues ou supérieurs, montrer une réticence à accepter les critiques constructives, ou avoir une forte aversion pour les environnements de travail trop structurés ou hiérarchisés.

Le TOP, une évolution avec l'âge

Le TOP chez l'adulte, c'est un peu comme une version mise à jour du logiciel de contestation. Moins bruyant, moins spectaculaire, mais tout aussi présent. Il évolue avec l'âge, influencé par l'expérience et la maturité émotionnelle, mais il ne disparaît pas nécessairement. On peut même dire que le TOP adulte est un véritable artiste de la résistance sociale subtile !

Alors, que tu sois en train de lire ces lignes avec un sourire complice, reconnaissant quelques traits chez toi-même ou chez quelqu'un de ton entourage, sache que le TOP peut être un sacré caméléon. Et, il ne se contente pas de s'éclipser une fois l'adolescence passée ; il peut rester là, tapis dans l'ombre, prêt à sortir quand on s'y attend le moins. Et c'est bien ça qui rend la vie... un peu plus épicée, n'est-ce pas ?

Que se passe t-il dans un cerveau TOP ?

IMAGINE UN QUARTIER général où règne un esprit de rébellion constante, une sorte de siège social de la contestation, toujours prêt à dire "non" avant même d'avoir entendu la question. Mais qu'est-ce qui se passe vraiment là-dedans ? Pourquoi ce besoin incessant de s'opposer, de contester et de provoquer ?

Le cortex pré-frontal

Comme pour le TDA/H (expliqué au chapitre suivant), le cortex pré-frontal joue un rôle majeur ici. Cette zone du cerveau, située juste derrière ton front, est responsable de la planification, de la prise de décision, de la régulation des émotions et du contrôle des impulsions. En gros, c'est le QG de tout ce qui concerne le comportement social approprié et la gestion des réponses émotionnelles.

Chez les personnes avec un TOP, le cortex pré-frontal ne fonctionne pas tout à fait de la même manière. Il y a souvent une difficulté à réguler les impulsions et à modérer les réponses émotionnelles, surtout face aux situations perçues comme contraignantes ou injustes. C'est comme si le bouton "pause et réfléchis" était cassé, et que le cerveau passait directement en mode "attaque" dès qu'une autorité pointe le bout de son nez.

L'amygdale sur les nerfs

L'amygdale, cette petite structure en forme d'amande profondément enfouie dans le cerveau, est le centre de gestion de nos émotions de base, en particulier la peur et la colère. C'est elle qui tire la sonnette d'alarme lorsque nous percevons une menace. Chez une personne avec un TOP, l'amygdale a tendance à être hyperactive.

L'amygdale est un agent de sécurité un peu paranoïaque qui déclenche l'alarme à la moindre sensation de menace, même si celle-ci est minime ou inexistante. Dans le cerveau d'un TOP, cette alarme est déclenchée plus fréquemment et plus intensément que chez d'autres personnes, ce qui entraîne des réactions de défi ou de provocation. Toute situation perçue comme une restriction ou une tentative de contrôle par une figure d'autorité est interprétée comme une "attaque" contre l'autonomie personnelle, provoquant une réaction de défense immédiate.

Dopamine et confrontation

La dopamine ! Ce neurotransmetteur est impliqué dans le circuit de la récompense et joue un rôle important dans la motivation. Pour une personne avec TOP, il semble que le cerveau tire une certaine forme de satisfaction immédiate ou de soulagement de stress en contestant l'autorité ou en défiant les règles.

Cela ne signifie pas que la personne choisit consciemment de se comporter de manière provocante, mais que son cerveau peut libérer de la dopamine lors de ces confrontations, créant ainsi une forme de renforcement positif pour des comportements opposants. En d'autres termes, dire "non" ou défier peut devenir addictif, parce que cela procure un soulagement instantané ou une sensation de contrôle face à un sentiment sous-jacent d'impuissance ou de menace.

La réactance psychologique : L'aversion du cerveau face à la perte de liberté

Chez une personne avec TOP, la réactance psychologique est en mode turbo. Le cortex cingulaire antérieur, une autre zone du cerveau impliquée dans la gestion des conflits internes et dans la prise de décision, est souvent sur-sollicité. C'est comme s'il y avait une petite voix qui criait "Allez, bats-toi pour ta liberté !", même dans des situations où la menace est minime voir, inexistante.

La difficulté de réguler les émotions : Quand tout semble démesuré

Les personnes avec TOP ont souvent du mal à réguler leurs émotions, particulièrement les émotions négatives comme la colère et la frustration. Quand quelque chose ne va pas comme elles veulent, le cerveau réagit de manière excessive. L'hypothèse est que leur système limbique (le réseau de neurones qui gère les émotions) est hypersensible, ce qui rend chaque petit conflit ou restriction perçu beaucoup plus intense émotionnellement.

C'est un peu comme si le cerveau du TOP était branché sur une station de radio émotionnelle qui diffuse en continu à plein volume. Tout est amplifié, et il est difficile de baisser le son ou de changer de station quand le besoin s'en fait sentir.

De plus, le cerveau du TOP est particulièrement sensible à tout ce qui ressemble à une injustice, une contrainte ou un contrôle perçu. Même des règles simples et logiques peuvent être perçues comme des restrictions arbitraires. Cela déclenche des comportements de défiance, car la personne a souvent une méfiance intense envers toute forme d'autorité ou de contrôle. C'est comme avoir une alarme *anti-injustice* constamment activée dans la tête, qui ne cesse de réagir à la moindre étincelle perçue de contrôle excessif.

La difficulté avec la flexibilité cognitive : La rigidité de pensée

Ces personnes ont souvent du mal avec la flexibilité cognitive — la capacité de s'adapter à des situations nouvelles ou de revoir leur point de vue. Leur cerveau est un peu comme un navigateur GPS qui refuse obstinément de recalculer l'itinéraire, même s'il y a une meilleure route. Une fois qu'une idée ou une décision est prise, il est difficile de la faire changer. Cela peut rendre chaque tentative d'imposer une règle ou de changer un plan très frustrante, ce qui déclenche des comportements de résistance.

Enfin, le stress chronique joue un rôle clé. L'axe hypothalamique-hypophyso-surrénalien (HPA), qui régule la réponse au stress, est souvent suractivé. En gros, ce système est constamment sur le qui-vive, prêt à répondre à toute menace perçue, réelle ou imaginaire. Cela signifie que même des interactions normales ou des demandes peuvent déclencher une réaction disproportionnée de "combat" ou de "fuite".

En résumé, nous sommes face à un cerveau qui défend son terrain avec ferveur !

En effet, le cerveau a un système de défense ultra-réactif, toujours à l'affût des menaces perçues contre sa liberté ou son autonomie. Il est prêt à se battre pour garder le contrôle, même quand ce n'est pas nécessaire. Entre un cortex pré-frontal qui a du mal à modérer les impulsions, une amygdale qui s'enflamme rapidement, et un circuit de récompense qui encourage la confrontation, ce cerveau fonctionne un peu comme un quartier général de la rébellion. Cela peut rendre les choses compliquées, mais avec de la compréhension, des stratégies adaptées, et un peu de patience, beaucoup de patience, parfois, on peut apprendre à vivre sur ce terrain complexe.

Le TOP chez l'adulte

Un trouble mal reconnu

On parle souvent du TOP chez les enfants et les adolescents qui transforme la vie de famille en un champ de bataille digne de la saga des *"Avengers"*. Mais peu de gens savent que ce trouble peut aussi exister à l'âge adulte. Eh oui, surprise ! Ce n'est pas parce qu'on a passé le cap des 18 ans et payé quelques factures que le TOP se volatilise comme par magie. Non, il est toujours là, tapis dans l'ombre, comme un super-vilain en sommeil.

Quand le TOP ne prend pas sa retraite à l'âge adulte...

Le TOP chez l'adulte, c'est un peu comme ce collègue qui refuse obstinément de suivre les consignes, ou cette amie qui s'insurge contre la moindre règle (même les règles de Scrabble). À première vue, ça peut passer pour du "caractère" ou une simple "tendance à être contrariant", mais pour certains, c'est bien plus que ça.

Les adultes avec TOP ne sont pas simplement des rebelles sans cause qui aiment dire "non" pour le plaisir. Leur opposition est souvent plus subtile, plus nuancée, et, parfois, bien plus coriace. Ce n'est pas la crise de colère de l'enfant qui refuse de se coucher, mais plutôt celle d'un adulte qui trouve mille raisons de contester une décision de son patron, de ses amis, ou de son conjoint.

Pourquoi le TOP est-il si mal reconnu chez l'adulte ?

D'abord, parce que le TOP chez l'adulte est un caméléon. Il sait très bien se déguiser sous des traits de caractère divers et variés : on parle de personnes "difficiles", de "fortes têtes", ou de "grandes gueules". Il est rare que l'on dise "tiens, ça ressemble à un trouble oppositionnel avec provocation, ça". Non, on attribue souvent ces comportements à la personnalité ou à l'histoire de vie de l'individu. En bref, le TOP sait très bien se fondre dans le décor adulte.

Ensuite, parce que le TOP chez l'adulte n'a pas toujours les mêmes manifestations qu'à l'enfance. Là où l'enfant va crier, taper du pied ou se rouler par terre, l'adulte va souvent utiliser des méthodes plus subtiles : le sarcasme, le passif-agressif, ou le mépris ouvert des règles. C'est moins bruyant, mais tout aussi présent. Et ce côté "discret" du TOP adulte le rend plus difficile à diagnostiquer.

Le TOP adulte, un caméléon des temps modernes

Un adulte avec TOP peut passer des années à éviter les diagnostics parce qu'il a appris à dissimuler son trouble derrière une façade de normalité. En société, il sait souvent se contrôler... jusqu'à un certain point. Le TOP adulte n'aime toujours pas les ordres, mais il sait jouer les équilibristes. Il râle, il critique, il conteste, mais il trouve des façons plus "socialement acceptables" de le faire.

Au lieu de refuser de suivre une consigne simple, il va peut-être :

- Questionner toutes les décisions de son chef au travail (même celles qui concernent la couleur des gobelets à la machine à café).

- Exprimer de manière passive-agressive sa désapprobation sur un projet ("Oh, c'est une idée intéressante, même si c'est la pire que j'aie jamais entendue").

- Contester les règles de conduite sur la route (et pourquoi pas en klaxonnant bruyamment pour manifester son mécontentement envers les panneaux de signalisation).

Les conséquences du TOP chez l'adulte sont donc compliqué, une vraie pagaille. D'abord, il complique sérieusement les relations interperson-nelles. À force de contester et de défier l'autorité ou les règles, ces adultes se retrouvent souvent en conflit avec leur entourage. Que ce soit dans le cadre professionnel ou personnel, les tensions s'accumulent, les disputes éclatent, et le sentiment d'être "incompris" ou "persécuté" peut devenir une constante.

Ensuite, il peut mener à des problèmes de carrière. Ces personnes peuvent être perçues comme des trouble-fêtes au travail, ce qui peut nuire à leur progression professionnelle. Elles ont du mal à s'entendre avec les figures d'autorité, résistent aux directives, et trouvent souvent que "les règles, c'est pour les autres". Si on ajoute à cela un tempérament impulsif, le cocktail peut vite devenir explosif.

Enfin, il y a l'impact sur la santé mentale. Vivre avec un trouble comme le TOP sans en être conscient ou sans avoir de soutien peut mener à une accumulation de frustrations, de colère, et même de dépression. C'est comme vivre avec un feu constant à l'intérieur, un brasier qui ne s'éteint jamais.

Quand le masque se fissure...

Mais attention, ce n'est pas parce qu'un adulte avec TOP peut passer inaperçu en surface qu'il ne souffre pas en profondeur. Derrière le sarcasme et les provocations, il y a souvent une grande souffrance et un besoin de reconnaissance. La rébellion constante contre l'autorité et les règles peut être un moyen d'exprimer un profond sentiment d'injustice, de frustration ou d'incompréhension. Et cette façade de force peut se fissurer, surtout dans des moments de stress intense ou de conflit.

En effet, ce trouble peut parfois exploser au grand jour lors de crises particulièrement intenses. Cela peut arriver au travail lors d'une situation jugée injuste, dans des relations amoureuses où les compromis semblent impossibles, ou même avec des amis quand une simple discussion dégénère en débat houleux.

Comment repérer un TOP chez l'adulte ? Quelques indices (si tu oses les voir...)

VOICI QUELQUES INDICES qui pourraient mettre la puce à l'oreille :

- Un refus constant de se plier aux règles, même les plus banales.

- Une tendance à critiquer ou défier systématiquement les figures d'autorité.

- Des comportements passifs-agressifs ou sarcastiques dès qu'une règle ou une consigne est imposée.

● Une grande difficulté à admettre ses torts ou à faire des compromis.

● Une irritation ou une colère disproportionnée face à des contraintes mineures.

Alors oui, le TOP chez l'adulte existe, même si on n'en parle pas souvent. Et il mérite d'être reconnu pour ce qu'il est : un trouble qui, comme beaucoup d'autres, peut être géré, accompagné, et même transformé avec les bons outils et un peu de compréhension. Parce qu'au fond, tout ce que veut cet adulte, c'est être entendu, compris, et surtout... rester libre.

Diagnostiquer le TOP chez un adulte : Mission Impossible ? Pas tout à fait...

ALORS, COMMENT DIAGNOSTIQUE-t-on le TOP chez un adulte ? Est-ce que ce diagnostic existe vraiment ou est-ce qu'on est en train d'essayer de diagnostiquer le Père Noël ? ***Spoiler alert*** : ce n'est pas si simple.

En réalité, le diagnostic du TOP chez l'adulte c'est un peu comme chercher une aiguille dans une botte de foin. Officiellement, le TOP est principalement diagnostiqué chez les enfants et les adolescents. Les critères diagnostiques viennent du fameux DSM-5. Ce manuel précise bien que le TOP est généralement diagnostiqué avant l'âge de 18 ans.

Mais alors, pourquoi se poser la question du TOP chez les adultes ? Parce que le TOP ne disparaît pas comme par magie une fois que l'on souffle ses 18 bougies. Chez certains, les symptômes peuvent persister ou évoluer. C'est là que les choses deviennent floues.

Cependant, certains cliniciens et chercheurs reconnaissent que les symptômes du TOP peuvent persister chez les adultes et utiliser des critères similaires à ceux des enfants et des adolescents pour évaluer si un adulte pourrait présenter un TOP "non officiel".

Alors, comment fait-on pour diagnostiquer un TOP chez un adulte ?

Même s'il n'y a pas de "diagnostic officiel", les professionnels de santé mentale peuvent utiliser plusieurs approches pour évaluer si un adulte montre des signes de TOP persistant :

Le professionnel examinera les symptômes caractéristiques du TOP, tels que décris au chapitre 1, à savoir :

- Une opposition fréquente et constante aux règles ou aux figures d'autorité.

- Des comportements de défiance et de provocation envers les autres.

- Un refus persistant de se conformer aux attentes sociales, même lorsque cela entraîne des conséquences négatives.

- Une tendance à blâmer les autres pour ses erreurs et à être vindicatif.

Les cliniciens chercheront à savoir si ces comportements sont persistants et durent depuis au moins six mois, et s'ils sont présents dans différents contextes (au travail, dans les relations sociales, dans la vie quotidienne).

Les comportements de type TOP doivent causer des problèmes significatifs dans des domaines importants de la vie de l'adulte (travail, relations, etc.). Si la personne perd régulièrement des emplois, se dispute souvent avec des amis ou des proches, ou fait face à des conflits avec les autorités, cela peut indiquer un trouble persistant.

Exclusion d'autres troubles : Le professionnel s'assurera également que ces comportements ne sont pas mieux expliqués par un autre trouble mental ou de la personnalité, comme le trouble de la personnalité borderline, le trouble de la personnalité antisociale, ou même une dépression avec des comportements irritables. En gros, il s'agit de s'assurer que ce n'est pas un autre trouble qui se cache sous ces comportements.

Entretiens et questionnaires : Certains cliniciens peuvent utiliser des questionnaires d'évaluation ou des entretiens structurés pour explorer l'histoire de la personne, ses antécédents de comportements opposants et ses difficultés actuelles. Ils peuvent aussi recueillir des informations auprès des proches, des amis ou des collègues de la personne pour avoir une vue d'ensemble.

Cependant, diagnostiquer le TOP chez l'adulte est compliqué pour plusieurs raisons. Par exemple, les comportements d'opposition sont souvent normalisés et bien souvent on les attribue à un "mauvais caractère", à des "opinions bien trempées" ou à un "fort tempérament". On a plus tendance à excuser ou à expliquer ces comportements chez les adultes comme étant des aspects de la personnalité ou des réactions à des situations de stress.

Les symptômes peuvent se chevaucher avec d'autres troubles. Beaucoup de comportements associés au TOP (comme l'irritabilité, l'impulsivité, ou la colère) peuvent également être présents dans d'autres troubles, comme les troubles de l'humeur ou les troubles de la personnalité. Cela rend le diagnostic différentiel difficile.

Contrairement aux enfants qui peuvent exprimer leur opposition de manière brute (crier, taper, bouder), les adultes avec TOP ont souvent appris à masquer leur comportement sous des formes plus subtiles, comme le sarcasme, le passif-agressif, ou des commentaires critiques. Cela peut rendre les symptômes moins visibles.

Alors, que faire si tu penses avoir un TOP ?

Si tu te reconnais dans ces descriptions ou si tu penses qu'un proche adulte pourrait présenter un TOP, il est important de consulter un professionnel de santé mentale. Même si le diagnostic de TOP n'est pas officiellement reconnu chez les adultes, un psychologue ou un psychiatre pourra évaluer tes symptômes, explorer les possibles causes sous-jacentes, et proposer des stratégies pour gérer les comportements problématiques.

Des approches comme la thérapie cognitivo-comportementale (TCC), la gestion de la colère, et d'autres techniques de régulation émotionnelle peuvent être très efficaces pour aider à mieux comprendre et gérer ce type de comportement, même sans un diagnostic officiel.

Le TOP chez l'adulte est un trouble mal reconnu et difficile à diagnostiquer officiellement, mais cela ne veut pas dire qu'il n'existe pas. Il peut se cacher derrière des comportements de tous les jours, être attribué à la personnalité, ou se confondre avec d'autres troubles. L'important, c'est de savoir que ces comportements ne sont pas juste "normaux" si leur impact sur la vie est significatif et qu'il existe des stratégies pour les comprendre et les gérer.

Alors, même sans diagnostic officiel, il ne faut pas hésiter à chercher de l'aide. Après tout, mieux vaut être un rebelle bien accompagné qu'un rebelle solitaire !

De la crise de "Non !" au sarcasme adulte

LE TOP NE RESTE PAS figé dans le temps comme une photo de classe des années 80. Ce trouble a tendance à évoluer avec l'âge et à se manifester de manière différente selon les étapes de la vie. On ne va pas se mentir, un ado avec TOP ne deviendra pas soudainement un adulte calme et conciliant simplement parce qu'il a soufflé ses bougies. Cependant, les signes et les comportements associés au TOP peuvent changer, s'adapter, et parfois devenir plus subtils au fil des années.

Voyons comment le TOP se transforme au fil des âges, comme un caméléon qui ajuste ses couleurs.

Bienvenue dans le royaume du "NON !"

Pour ceux qui auraient sauté les premiers chapitres, voici comment il se manifeste chez les enfants :

Chez l'enfant, le TOP est souvent bruyant, visible, et... franchement épuisant. On parle ici de comportements typiques qui vont d'une opposition quasi systématique à toute forme d'autorité (parents, enseignants, baby-sitters, grands-parents... tout le monde y passe !) à des crises de colère spectaculaires et répétées.

● **Colères fréquentes et intenses**

Des crises de rage face aux règles ou aux demandes, qui peuvent inclure des cris, des pleurs, ou des coups de pied.

● **Contestation constante**

Un enfant avec TOP va souvent contester toute directive, même les plus simples ("Mange tes légumes" devient un champ de bataille).

● Provocation délibérée

L'enfant cherche à provoquer les autres, que ce soit par des insultes, des moqueries, ou des comportements de défi.

● Responsabilisation limitée

Blâmer les autres pour ses propres erreurs ou comportements problématiques ("C'est de ta faute si je n'ai pas fait mes devoirs, tu ne me l'as pas assez bien expliqué !").

À cet âge, le TOP est souvent flagrant parce que l'enfant exprime son opposition de manière directe, brute, sans filtre social. L'enfant ne cache pas son mécontentement ; il le brandit comme un drapeau !

Le grand saut vers la "rébellion organisée"

L'adolescence... cette merveilleuse période où le TOP passe au niveau supérieur. Les ados ont naturellement un penchant pour la rébellion, et ceux avec un TOP poussent la barre encore plus haut. À cet âge, le trouble devient souvent plus délibéré et argumenté.

Comment le TOP se manifeste à l'adolescence :

● Défiance sophistiquée

Les adolescents avec TOP ne disent pas seulement "non" ; ils développent des arguments pour justifier leur refus de suivre les règles. Ils peuvent entrer dans des débats interminables pour prouver leur point.

● Conflits récurrents avec les figures d'autorité

Parents, enseignants, coachs... Tout adulte représentant l'autorité devient une cible potentielle pour les contestations. Les règles de la maison, les règlements scolaires, tout peut être remis en question avec un mélange de sarcasme et de logique provocante.

● Risque accru de comportements dangereux

Les adolescents avec TOP peuvent tester les limites en prenant des risques (alcool, drogues, comportements impulsifs), surtout quand on leur interdit de le faire. La réactance psychologique est à son comble.

● Isolement social ou conflits avec les pairs

Leurs comportements provocateurs peuvent entraîner des disputes fréquentes avec leurs amis ou les isoler socialement, car les autres adolescents peuvent trouver difficile de composer avec leurs attitudes de défi.

À l'adolescence, le TOP devient plus "calculé". L'ado sait que certaines choses vont provoquer une réaction et il utilise cette connaissance pour défier l'autorité de manière plus intelligente, mais tout aussi intense. C'est un peu le TOP version "guerre froide", où l'on sait comment appuyer sur les boutons qui dérangent.

Quand la rébellion prend une tournure plus subtile (mais pas moins tenace)

Chez les jeunes adultes (20-30 ans), le TOP change de forme. On n'est plus dans le cri ouvert, mais dans une opposition plus subtile et sociale. Les jeunes adultes peuvent ressentir un besoin permanent de remettre en question les normes établies, de contester l'autorité ou de critiquer les institutions. Cependant, ils le font d'une manière plus dissimulée pour éviter des conséquences directes.

Voici comment le TOP se manifeste chez les jeunes adultes :

● Sarcasme et passif-agressivité

L'opposition n'est plus exprimée à coups de poings sur la table, mais plutôt par des remarques sarcastiques, des sous-entendus, ou des comportements passifs-agressifs (comme arriver systématiquement en retard aux réunions pour montrer son mécontentement).

<h1 style="text-align:center">JE RÉAGIS, DONC JE SUIS !</h1>

● Contestation des normes sociales et professionnelles

Ils peuvent avoir du mal à s'adapter aux environnements de travail hiérarchiques, contestant les règles de manière subtile mais répétée ("Je comprends cette politique, mais elle est totalement absurde, non ?").

● Problèmes relationnels

Les comportements d'opposition peuvent causer des tensions dans les relations amicales, amoureuses ou professionnelles. Les jeunes adultes avec TOP peuvent être perçus comme difficiles à vivre ou à gérer.

● Recherche de "batailles idéologiques"

Ils peuvent se lancer dans des débats houleux, même sur des sujets qui n'affectent pas directement leur vie, juste pour l'amour de la confrontation et pour prouver qu'ils ne suivent pas le troupeau.

À ce stade, le TOP est plus complexe à identifier car il prend la forme d'attitudes sociales acceptables dans une certaine mesure, mais répétitives et envahissantes. C'est le niveau "pro" de la contestation, où l'on sait manier les mots et les contextes.

Quand le TOP devient presque... invisible

À l'âge adulte (35 ans et plus), le TOP peut devenir plus subtil encore. Le trouble ne disparaît pas, mais il devient souvent plus camouflé par les exigences de la vie. On parle de comportements opposants qui sont désormais intégrés dans le quotidien de l'individu, parfois même sans qu'il en soit pleinement conscient.

Comment le TOP se manifeste chez l'adulte mature :

● Sensation permanente de contrariété

L'adulte avec TOP peut être constamment frustré par des règles, des normes sociales, ou des politiques de travail. Cette frustration est souvent exprimée de manière indirecte, par des soupirs, des remarques cyniques ou des critiques constantes.

● Évitement de l'autorité

Plutôt que de s'opposer directement, l'adulte avec TOP peut éviter de se retrouver dans des situations où il doit se conformer. Il peut changer fréquemment de travail, refuser des promotions, ou choisir des environnements où l'autorité est plus lâche.

● Sabotage discret des règles

Au lieu de défier ouvertement, l'adulte peut trouver des moyens de contourner les règles ou de les saboter. Ne pas remplir certains formulaires, ignorer des e-mails, "oublier" des consignes importantes.

● Défiance envers le système

Leur opposition peut se manifester dans une critique permanente du "système", de la société, ou des structures qui sont en place. Ils sont souvent perçus comme des rebelles ou des contestataires, parfois même admirés pour cela, mais cette attitude peut aussi les isoler ou créer des conflits.

À ce stade, le TOP devient souvent une partie intégrante de la personnalité. Les personnes autour de ces adultes peuvent les voir comme des contestataires éternels, sans forcément réaliser qu'il s'agit d'un trouble persistant.

Le TOP évolue et se transforme avec l'âge. D'un enfant qui tape du pied et crie "non !" à un adulte qui murmure "ce n'est pas juste" avec un sourire en coin, le TOP ne disparaît pas vraiment. Il s'adapte, il se cache, mais il continue de jouer le même rôle fondamental : défendre coûte que coûte la liberté de l'individu, même contre des contraintes imaginaires.

JE RÉAGIS, DONC JE SUIS !

Alors, que l'on soit face à un enfant de 5 ans ou à un adulte de 50 ans, il y a toujours une part de ce "Non !" viscéral qui persiste. Ce n'est peut-être pas toujours facile à gérer, mais pas impossible. En effet, avec le bon soutien et une compréhension claire de ses manifestations, il est tout à fait possible d'apprendre à vivre avec ce trouble sans perdre tous ses amis... et sa santé mentale !

Témoignages et histoires d'adultes qui se reconnaissent dans ces comportements

Quand le "Non" persiste et signe !

PARLONS MAINTENANT de ces adultes qui, en lisant les descriptions précédentes, se sont peut-être dit : "Mais... c'est moi, ça !". Oui, tu sais, ces personnes qui ressentent ce frisson de satisfaction intérieure chaque fois qu'elles résistent à une règle ou qu'elles défient une autorité, même si c'est aussi simple que d'ignorer un panneau "Ne pas marcher sur la pelouse"

Voici quelques témoignages d'adultes qui ont reconnu le TOP en eux – ou chez leurs proches – et qui ont accepté de partager leurs histoires. Parce que oui, le TOP chez l'adulte, c'est aussi une collection d'histoires de vie, avec leurs hauts, leurs bas, et leurs petites victoires personnelles.

Lucie, 36 ans : "Le sarcasme, c'est ma deuxième langue !"

"Je me suis toujours considérée comme une rebelle. Enfant, je contestais tout, de l'heure du coucher aux légumes dans mon assiette. J'étais cette gamine qui argumentait avec ses parents comme un avocat au tribunal. En grandissant, je me suis rendue compte que ma tendance à défier l'autorité ne s'était pas évaporée... elle s'était simplement sophistiquée."

Lucie travaille dans le marketing et admet que son TOP se manifeste par des comportements qu'elle qualifie de "passifs-agressifs". *"Je déteste qu'on me dise quoi faire, surtout quand ça ne fait pas sens pour moi. Si mon patron me donne une directive que je trouve stupide, je vais le faire... mais à ma manière."*

Elle se rend compte que ses collègues la trouvent difficile à gérer parfois. *"Ils disent que je suis cynique et sarcastique. J'essaie de m'adapter, mais c'est plus fort que moi. Mon esprit est toujours en mode contestation."*

Lucie a commencé à consulter un thérapeute après plusieurs avertissements au travail. *"Je réalise maintenant que c'est un vrai problème. J'apprends à exprimer mes frustrations de manière plus constructive, mais je ne veux pas non plus perdre ma voie, mon esprit de contestation qui fait aussi partie de qui je suis."*

Thomas, 42 ans : "Changer de boulot, c'est mon sport préféré"

"Je n'ai jamais vraiment tenu un travail plus de deux ans. J'ai changé de boulot tellement de fois que j'ai arrêté de compter. Ça a commencé quand j'étais jeune. J'avais 18 ans et j'ai fait de l'intérim dans une usine. Rien ne m'énervait plus que les ordres stupides de mon chef, du genre 'Range les cartons de telle façon', sans jamais expliquer pourquoi. Alors, j'ai commencé à les ranger à l'envers, juste pour l'embêter."

Thomas a poursuivi cette attitude tout au long de sa carrière, sautant d'un emploi à l'autre dès que l'autorité se faisait trop sentir. *"Je sais que c'est idiot. Chaque fois que je quitte un emploi, je perds en stabilité, mais à chaque fois, j'ai l'impression que quelqu'un me dicte ma vie et je ne peux tout simplement pas le supporter. Je préfère me lever et partir."*

Aujourd'hui, Thomas travaille en freelance et adore la liberté que cela lui procure. *"Je n'ai pas de patron, pas de règles à suivre. Je choisis mes clients et mes projets. Mais je sais que je dois aussi apprendre à mieux gérer ma réactivité, parce que je peux m'énerver même avec mes clients. Je travaille là-dessus avec un coach, mais c'est un défi permanent."*

Marie, 29 ans : "Les réunions ? Jamais à l'heure et toujours avec un commentaire piquant."

Marie se décrit comme quelqu'un qui aime "défier l'ordre établi". Elle travaille dans une start-up où l'esprit de contestation est presque une culture, mais même là, elle parvient à aller plus loin que les autres.

"Je n'aime pas les réunions, alors j'arrive souvent en retard. Mais je ne me contente pas de cela : j'ai toujours un commentaire sarcastique sur l'inutilité de ces rencontres. Je sais que ça agace mes collègues, mais je ne peux pas m'en empêcher. Je me dis qu'il faut bien que quelqu'un dise tout haut ce que tout le monde pense tout bas."

Pourtant, Marie est consciente que son comportement pourrait nuire à sa carrière. *"Mon patron m'a déjà dit que je devais modérer mes interventions, être plus conciliante. Mais franchement, je me demande pourquoi on devrait toujours suivre le moule. Je suis bonne dans ce que je fais, mais je sais que ma façon d'être pourrait me coûter des opportunités."*

Marie réfléchit à une thérapie pour mieux comprendre d'où vient cette pulsion de toujours contester, mais elle se demande aussi si elle est prête à changer.

Alex, 50 ans : "L'art du sabotage discret au travail, c'est mon domaine"

"J'ai appris à contourner les règles dès l'enfance. À l'époque, je prenais ça pour de la créativité. Mais maintenant, je réalise que c'était déjà un signe de TOP."

Aujourd'hui, Alex travaille dans une entreprise de technologie où il s'assure de ne jamais être trop visible, mais d'être toujours là où on ne l'attend pas. *"Je n'aime pas qu'on me dise quoi faire. Si mon manager me donne une tâche, je vais la faire à ma façon, même si cela prend plus de temps ou crée des conflits."*

Il parle ouvertement de ses comportements de sabotage. *"Je préfère ignorer des e-mails qui ne me plaisent pas ou répondre avec un délai exagéré. J' « oublie » souvent de faire des tâches que je trouve inutiles, et je me débrouille pour que ça ne me retombe jamais dessus."* Alex reconnaît que cela nuit à sa carrière. *"J'ai raté des promotions, mais en même temps, je n'ai jamais supporté l'idée de devoir obéir aveuglément. Je sais que ça m'isole parfois, mais je ne suis pas prêt à abandonner cette partie de moi."*

Claire, 38 ans : "Contester les règles, c'est mon mode de vie"

Claire est avocate, et elle utilise son esprit de contestation pour défendre ses clients. *"Je suis dans un métier où être un peu opposante, ça aide ! Mais le problème, c'est que ça déborde souvent dans ma vie personnelle."* Claire admet que son TOP affecte ses relations amoureuses. *"Je ne supporte pas qu'on me dise quoi faire. Dans mes relations, je suis toujours celle qui remet en question, qui veut tout rediscuter. J'ai du mal à faire des compromis, et ça cause des tensions."*

Elle a récemment commencé à explorer cette partie de sa personnalité avec un thérapeute. *"Je sais que ce n'est pas facile à vivre pour les autres, mais j'essaie de trouver un équilibre entre ma soif de justice, mon besoin de contester, et la réalité des relations humaines."*

Marc, 45 ans : "Je suis un rebelle avec une cause, mais ça me fatigue parfois"

Marc se décrit comme un contestataire permanent. *"Depuis que je suis tout petit, j'ai toujours eu ce besoin de défier l'autorité. Même maintenant, je conteste toujours, que ce soit au travail, à la maison, ou même dans ma vie quotidienne."* Marc est militant dans plusieurs associations et aime les débats politiques.

"Je suis le genre de personne qui prend la parole lors des réunions de quartier pour partager mes idées avec le maire, et qui lance des pétitions pour défendre les causes qui me tiennent à cœur." Pourtant, il admet que ce comportement constant de contestation peut être épuisant. *"C'est fatigant d'être tout le temps en opposition. Parfois, je me dis que je devrais apprendre à lâcher prise, mais c'est plus fort que moi. Je suis en train d'apprendre à choisir mes batailles, mais je ne suis pas encore au point."*

———

POUR CERTAINS, IL S'AGIT d'une partie intégrante de leur personnalité qui les rend uniques et authentiques. Pour d'autres, c'est une source de conflit, de frustration, ou même de souffrance. Mais ce qui est clair, c'est que les adultes avec TOP trouvent des façons créatives et variées de manifester leur opposition, leur contestation, et leur désir de liberté.

Que ce soit dans leur vie personnelle, au travail, ou dans leurs engagements, ils continuent à dire "non" au statu quo, parfois avec humour, parfois avec intensité. Et si cela peut sembler compliqué pour leur entourage, c'est aussi une preuve que l'esprit de rébellion n'a pas d'âge – et qu'il peut toujours être un moteur de changement, pour le meilleur ou pour le pire.

Le TDA/H et ses similarités avec le TOP

Quand le cerveau appuie sur "Fast Forward" sans permission

Le TDA/H ou le Trouble Déficitaire de l'Attention avec ou sans Hyperactivité, ou comme j'aime l'appeler, le mode "zapping cérébral" permanent. Parce que oui, avoir un TDA/H, c'est un peu comme avoir une télécommande interne bloquée sur "suivant" : tu commences à regarder un film, mais cinq minutes plus tard, tu es déjà en train de zapper vers une émission de cuisine, puis vers un documentaire sur les dinosaures, puis vers... enfin, tu as compris l'idée.

Qu'est-ce que le TDA/H, exactement ?

Le TDA/H est un trouble neuro-développemental qui fait beaucoup parler de lui. C'est un peu le roi des acronymes quand on parle de comportements qui sortent de la norme. Il se manifeste principalement par des difficultés à maintenir l'attention, à réguler l'impulsivité et, parfois, à contrôler une hyperactivité débordante qui donnerait envie à une pile *Duracell* de prendre sa retraite anticipée.

En gros, c'est comme si ton cerveau avait une playlist *Spotify* un peu trop éclectique et passait de "calme et concentré" à "fiesta imprévisible" en un clin d'œil, sans prévenir personne. Ce n'est pas que tu ne veux pas rester concentré, c'est juste que ton cerveau a décidé que ce serait plus fun de penser à trois millions de choses à la fois !

Les trois grandes composantes du TDA/H : Attention, Hyperactivité et Impulsivité !

Le TDA/H se manifeste généralement à travers trois types de symptômes principaux. Pas de panique, on va les passer en revue un par un, avec un petit grain de sel et beaucoup de compréhension :

L'inattention

LA CONCENTRATION ? Jamais entendu parler ! Tu as du mal à rester concentré sur une tâche, surtout si elle est longue ou monotone. Tu commences à lire un article sur l'importance de la persévérance, et soudain, tu te retrouves à chercher des vidéos de chats sur YouTube. Sans même savoir comment tu en es arrivé là.

Le cerveau sauteur de haie. Tu passes constamment d'une idée à l'autre, sans jamais finir ce que tu as commencé. Tu as déjà essayé de suivre une recette jusqu'au bout sans changer d'avis trois fois ? Félicitations, tu as déjà fait mieux que la moyenne des TDA/H !

Le syndrome de la "*troublitude*". Tu oublies les détails importants, comme les rendez-vous, les prénoms des gens ou l'endroit où tu as laissé tes clés... encore.

L'hyperactivité
Les piles ne sont pas incluses, elles sont internes. Tu ressens un besoin constant de bouger. Cela peut être agiter les jambes sous la table, tapoter avec tes doigts, ou te lever dix fois pendant une réunion (surtout quand elle est interminable et que tout le monde semble s'être donné le mot pour parler lentement).

LE SAUT DE LA GRENOUILLE émotionnelle. Tu as parfois des montées d'énergie incontrôlables, où tu as l'impression d'être une grenouille survoltée sautant de nénuphar en nénuphar... même si tout le monde autour de toi semble vouloir rester bien tranquille sur la berge.

Toujours en mouvement, même au repos. Quand les autres se détendent, tu es encore en train de penser à mille choses ou de planifier tes prochaines cinq activités de la journée, même si c'est dimanche et que tu es censé prendre un bain de soleil relaxant.

L'impulsivité

LA SPONTANÉITÉ, VERSION extrême. Tu agis souvent avant de réfléchir. Acheter ce trampoline géant parce que c'est "super fun" alors que tu vis dans un appartement de 30 m² ? Check. Oups.

Les réponses au bout de la langue. Tu as du mal à attendre ton tour pour parler, et souvent, tu interromps les autres sans même t'en rendre compte. Pas parce que tu es malpoli(e), mais parce que ton cerveau dit : "Vas-y, fonce, sinon tu vas oublier ce que tu voulais dire !"

La maîtrise de soi... pas tout à fait ça. Il t'arrive de prendre des décisions impulsives, comme accepter un job à l'autre bout du monde sans même vérifier si tu as un passeport valide. Ou de changer de coiffure radicalement à 2h du matin après une crise existentielle. Pourquoi pas, après tout ?

Les deux visages du TDA/H : Avec ou sans hyperactivité

LE TDA/H PEUT AUSSI se présenter en deux versions : avec ou sans l'hyperactivité. Dans la version "avec", on a affaire à un moteur toujours allumé, un peu comme une voiture de sport qui n'attend que le feu vert pour partir en trombe. Dans la version "sans", l'attention est toujours un défi, mais le moteur est moins bruyant ; la personne peut sembler calme à l'extérieur tout en ayant mille pensées qui dansent la samba à l'intérieur.

Les mythes et réalités du TDA/H, bien plus qu'une question d'hyperactivité.

Le TDA/H est souvent mal compris. Certains pensent que c'est juste un "manque de volonté" ou une "excuse" pour les gens distraits. En réalité, c'est un trouble complexe qui touche le fonctionnement exécutif du cerveau. Cela signifie que les personnes avec un TDA/H peuvent avoir des difficultés à organiser, planifier, gérer leur temps et réguler leurs émotions.

Mais attention, le TDA/H ne veut pas dire "incapable". En fait, les personnes avec TDA/H sont souvent très créatives, pleines d'idées et capables de performances impressionnantes, surtout lorsqu'elles sont passionnées par ce qu'elles font. Elles ont juste besoin de trouver leurs propres stratégies pour naviguer dans ce flot constant de pensées et d'idées.

En bref, le TDA/H, un cerveau à grande vitesse

Avoir un TDA/H, c'est comme avoir un moteur de Formule 1 dans une voiture de ville. Parfois, ça part dans tous les sens, mais une fois maîtrisé, ça peut devenir une véritable force. Ce n'est pas toujours facile, mais avec un peu de compréhension, de l'humour (beaucoup d'humour), et des astuces pratiques, on peut apprendre à apprivoiser ce moteur à haute vitesse et en faire une aventure passionnante... même si, parfois, on change de direction un peu trop souvent !

Dans le cerveau d'une personne TDA/H : Un monde en mode "Shuffle (mélangé)"
Alors, que se passe-t-il vraiment dans le cerveau d'une personne avec un TDA/H ? Pourquoi semble-t-il toujours être en mode "multi-tâches infernal" ou "zapping émotionnel" ?

MAIS QU'EST-CE QUI fait que notre cerveau aime tant papillonner d'une pensée à l'autre, comme un enfant dans une boutique de bonbons ?

Le cercle de la recherche de récompense

Pour comprendre ce qui se passe, il faut commencer par parler d'un petit truc chimique nommé dopamine. Imagine la dopamine comme un messager qui court dans ton cerveau pour te donner des petits "high-five" quand tu fais quelque chose de plaisant ou intéressant. C'est ce qui te donne la sensation de satisfaction, de plaisir, ou de motivation. La dopamine, c'est un peu le DJ du cerveau qui met la bonne musique au bon moment.

Le problème avec le cerveau TDA/H, c'est qu'il n'a pas toujours assez de dopamine qui circule dans certaines parties du cerveau, particulièrement celles responsables de l'attention, de la planification, et de la régulation de l'humeur. Et quand il n'y a pas assez de dopamine, le cerveau se dit : "Ouh là, ça manque d'animation ici, il faut que je trouve quelque chose de plus excitant !"

La zone de l'attention est une usine à gaz manquant de carburant

La partie du cerveau principalement en cause est ce qu'on appelle le cortex pré-frontal, situé juste derrière ton front. Le cortex pré-frontal est un peu le chef d'orchestre des fonctions exécutives : il t'aide à planifier, à organiser, à gérer ton temps, à faire des choix, et à contrôler tes impulsions. En gros, c'est lui qui dit : "OK, on se concentre sur cette tâche maintenant, et on fera le reste plus tard."

Dans un cerveau TDA/H, le cortex pré-frontal fonctionne souvent en "mode éco". Avec moins de dopamine et de noradrénaline (un autre messager chimique clé), il devient difficile de maintenir l'attention, surtout sur des tâches jugées "ennuyeuses" ou monotones. C'est comme regarder un film super lent alors que ton cerveau préfère de loin les films d'action rapides. En conséquence, le cerveau commence à chercher des distractions ou à sauter d'une pensée à l'autre pour trouver quelque chose de plus intéressant ou stimulant.

Vive le court terme !

Avec moins de dopamine, le cerveau TDA/H est constamment en quête de récompenses immédiates. C'est pourquoi une personne avec TDA/H peut se retrouver à faire trois autres choses avant de terminer ce qu'elle a commencé. Le cerveau est sans cesse en train de chercher ce qui va lui donner un coup de boost, même si ce n'est qu'une gratification temporaire. C'est un peu comme vivre avec un mini-chien curieux qui voit une balle, puis une autre balle, puis encore une balle, et se lance après chacune sans jamais vraiment s'arrêter.

Quand le cerveau passe en mode "Laser"

Et voici le paradoxe, même si le cerveau TDA/H a du mal à rester concentré sur une seule chose, il peut parfois entrer en hyper-focalisation. C'est un état où la personne devient tellement absorbée par une activité qui l'intéresse qu'elle oublie tout le reste. C'est comme passer du mode "jardinier distrait" au mode "sniper laser". Le problème, c'est que cette hyper-focalisation n'est pas sous contrôle conscient ; elle se produit généralement de manière imprévisible et peut rendre difficile le passage d'une tâche à une autre.

Quand le frein est difficile à trouver

Un autre aspect du cerveau TDA/H, c'est la difficulté à réguler l'impulsivité. Quand une idée surgit, le cerveau dit souvent : "Allons-y, tout de suite !" sans vraiment prendre le temps de réfléchir aux conséquences. C'est comme avoir une voiture de course avec un frein qui ne fonctionne pas toujours très bien.

Cela peut mener à des décisions spontanées (parfois géniales, parfois moins), à des interruptions dans les conversations, ou à des achats compulsifs de trucs dont on n'a absolument pas besoin... mais qui semblaient tellement excitants sur le moment !

Des montagnes russes intérieures

Le cerveau TDA/H a aussi souvent du mal à réguler les émotions. Tu sais, ces moments où tu passes de l'enthousiasme débordant à la frustration totale en quelques secondes ? Eh bien, c'est souvent parce que le cerveau TDA/H ne filtre pas les émotions de la même manière que d'autres. La réponse émotionnelle est parfois plus intense, un peu comme une radio qui capte toutes les stations à la fois et a du mal à se fixer sur une seule fréquence.

Un bureau un peu trop encombré

Enfin, le cerveau TDA/H a souvent une mémoire de travail qui fonctionne de façon assez unique. La mémoire de travail, c'est la partie de ton cerveau qui garde temporairement en tête les informations nécessaires pour accomplir une tâche. Pour une personne avec TDA/H, cette mémoire de travail peut être comme un bureau en désordre : on oublie facilement où sont les documents importants, et tout ce qui est "urgent" finit par tomber par terre parce que d'autres idées prennent toute la place.

Le mode multitâche : Une façon de gérer le trop-plein

Pour faire face à tout cela, le cerveau TDA/H est souvent en mode multitâche. C'est comme si, au lieu de fermer toutes les fenêtres sur l'ordinateur mental, on les laissait toutes ouvertes, en espérant que quelque chose finira par capter suffisamment l'attention pour qu'on s'y attarde. C'est épuisant, certes, mais c'est aussi la stratégie que le cerveau utilise pour chercher constamment ce qui est le plus stimulant, le plus engageant, et, eh bien... le plus fun.

En résumé : Le cerveau TDA/H, un explorateur curieux

Un cerveau TDA/H est comme un explorateur hyper-curieux dans un immense parc d'attractions. Il veut tout voir, tout tester, tout goûter. Il n'est jamais content de rester sur une seule attraction trop longtemps, même s'il sait qu'il serait plus logique de terminer la visite de la maison hantée avant de sauter dans les montagnes russes. Avec un peu de soutien, de stratégies adaptées et de compréhension (et peut-être un peu de calme intérieur), ce cerveau peut devenir une force incroyable d'innovation, de créativité et de spontanéité.

Bref, le cerveau TDA/H est unique, complexe et, en fin de compte, plein de surprises !

Comment le TDA/H peut être confondu avec le TOP ?

Quand le "Zapping" et la "Rébellion" se mêlent

TDA/H ET TOP... DEUX acronymes qui semblent danser ensemble comme dans une comédie musicale du cerveau. Il est facile de les confondre, car ces deux troubles partagent quelques traits de caractère bien familiers : difficulté à gérer les émotions, impulsivité, opposition aux règles... Bref, on peut vite se dire qu'ils sont des jumeaux diaboliques nés d'un même parent rebelle. Mais, même s'ils partagent quelques airs de famille, ces deux-là ne sont pas tout à fait identiques. Alors, pourquoi se ressemblent-ils tant et comment les distinguer ?

L'impulsivité : un terrain de jeu commun

Tant chez le TDA/H que chez le TOP, l'impulsivité est un trait marquant. L'impulsivité, c'est ce petit démon sur l'épaule qui murmure constamment "Vas-y, fonce !" sans se soucier des conséquences. Dans le TDA/H, cette impulsivité est souvent liée à une difficulté à inhiber les réponses immédiates – c'est-à-dire que quand une idée ou une envie surgit, le cerveau dit "Pourquoi attendre ? Fais-le maintenant !". Par exemple, interrompre quelqu'un en pleine phrase ou décider sur un coup de tête de changer de plan sans prévenir personne.

Dans le TOP, l'impulsivité est également présente, mais elle est plus souvent dirigée vers une opposition consciente et délibérée. C'est moins "je fais sans réfléchir" et plus "je m'oppose parce que je veux affirmer mon autonomie ou mon refus de contrôle". Pourtant, aux yeux de quelqu'un qui observe de l'extérieur, ces deux comportements peuvent paraître identiques : des réactions rapides, imprévisibles et souvent déroutantes.

La difficulté à suivre les règles, entre oubli et refus délibéré

Un autre point de confusion vient de la difficulté à suivre les règles. Mais attention, il y a une différence subtile ici.

Dans le cas du TDA/H, ne pas suivre les règles est souvent une question de distraction ou d'oubli. Le cerveau est tellement occupé à jongler entre mille idées qu'il peut simplement zapper la consigne ("Oh, il fallait rendre ce rapport aujourd'hui ? Oups...") ou ne pas se souvenir de ce qui a été dit cinq minutes plus tôt. Le non-respect des règles n'est pas intentionnel, c'est juste un cerveau qui fonctionne à toute vitesse et qui laisse quelques miettes derrière lui.

Avec le TOP, par contre, le non-respect des règles est beaucoup plus intentionnel et constant. C'est une manifestation directe d'opposition aux figures d'autorité. Il ne s'agit pas de ne pas avoir entendu ou de ne pas se souvenir, mais de refuser activement de se conformer parce que les règles sont perçues comme injustes, inutiles ou intrusives. Là où le TDA/H peut être distrait et oublier les consignes, le TOP se souvient très bien des règles... et choisit de ne pas les suivre.

Les comportements provocateurs, conscients ou involontaires ?

Les comportements provocateurs et oppositionnels sont également un terrain où TDA/H et TOP peuvent se ressembler. Par exemple, un enfant ou un adulte qui refuse de faire quelque chose peut être perçu comme "provocateur". Mais encore une fois, les motivations diffèrent.

Avec le TDA/H, la provocation peut souvent être involontaire. La personne peut sembler argumenter ou défier parce qu'elle est frustrée, qu'elle manque de patience ou qu'elle a du mal à gérer ses émotions face à une demande perçue comme difficile ou contraignante. Ce comportement est souvent spontané, lié à une impulsivité émotionnelle : c'est une réaction rapide à une situation qui semble submerger les capacités d'attention ou de gestion émotionnelle.

Dans le TOP, la provocation est plus stratégique. Elle est utilisée pour contester une autorité ou une règle perçue comme oppressante. Le comportement provocateur est souvent répété et persistant, avec un objectif clair : maintenir le contrôle de sa propre liberté d'action. C'est comme un jeu d'échecs où chaque mouvement est calculé pour défier et provoquer une réponse de l'autorité.

L'explosion versus la contestation

Les deux troubles partagent une difficulté commune : la gestion des émotions. Cependant, leurs manifestations diffèrent subtilement mais significativement.

Dans le TDA/H, les émotions peuvent passer d'un extrême à l'autre très rapidement – on parle souvent de "montagnes russes émotionnelles". Ces changements d'humeur soudains ne sont pas forcément dirigés contre quelqu'un en particulier, mais sont souvent la réponse immédiate à une frustration, un ennui, ou une surcharge sensorielle. Le cerveau TDA/H ne filtre pas bien les stimuli émotionnels, ce qui conduit à des réactions parfois disproportionnées, mais généralement temporaires.

Pour le TOP, la difficulté émotionnelle est davantage centrée sur une réponse de défi ou de colère contre une autorité perçue comme intrusive. Ce n'est pas tant que les émotions changent rapidement, mais plutôt que la personne reste bloquée dans un état émotionnel de résistance ou de confrontation. Là où le TDA/H pourrait s'apaiser rapidement après une distraction, le TOP peut maintenir un état de défiance prolongé, parce qu'il perçoit toujours une menace ou une restriction.

Une convergence de traits, mais pas les mêmes racines

En somme, le TDA/H et le TOP peuvent sembler très similaires en surface – impulsivité, opposition, difficulté à suivre les règles, réactions émotionnelles fortes – mais les racines de ces comportements sont différentes.

Le TDA/H est principalement un trouble neuro-développemental qui affecte l'attention, la régulation des impulsions et la gestion des émotions. Les comportements de défiance ou d'opposition sont souvent secondaires, résultant de l'impulsivité ou de la frustration.

Le TOP, en revanche, est un trouble comportemental centré sur l'opposition consciente et persistante à l'autorité. Les comportements de défiance sont primaires, motivés par un besoin de s'affirmer contre ce qui est perçu comme une ingérence ou une injustice.

C'est comme comparer deux arbres aux feuilles semblables : le TDA/H pousse dans un terreau de distraction et d'impulsivité, tandis que le TOP s'enracine dans un besoin profond de maintenir l'autonomie et de contester le contrôle. Et même si ces deux arbres peuvent parfois croiser leurs branches, ils ne grandissent pas pour les mêmes raisons !

Comparaison des comportements similaires et des différences fondamentales entre le TDA/H et le TOP

Scénarios de la vie quotidienne

POUR BIEN SAISIR LES différences entre le TDA/H et le TOP, rien de mieux que de plonger dans des situations concrètes du quotidien. Après tout, c'est souvent en observant les comportements au jour le jour que l'on peut discerner ce qui relève de l'impulsivité et de la distraction d'un côté, et de la contestation délibérée de l'autre. Voici donc quelques scénarios pour illustrer ces nuances !

Scénario 1 : À l'école ou au travail – La réunion qui dure

IMAGINONS UNE RÉUNION qui s'éternise, avec un supérieur ou un professeur qui donne des instructions sur un nouveau projet.

Le comportement TDA/H

Anna, qui a un TDA/H, commence par être attentive, mais au bout de quelques minutes, son esprit s'évade. Elle commence à griffonner sur son carnet, à jouer avec son stylo, et à regarder par la fenêtre. Quand son tour de parler arrive, elle interrompt sans s'en rendre compte, pose des questions sans rapport direct avec le sujet, ou même oublie de quoi on discutait. Son comportement peut sembler distrait ou impulsif, mais il est principalement dû à la difficulté à maintenir son attention sur une tâche longue et monotone.

Le comportement TOP

Marc, qui a un TOP, écoute attentivement au début, mais il ne tarde pas à manifester des signes d'irritation. Il croise les bras, soupire bruyamment, et lance des regards provocateurs. Quand son supérieur lui demande son avis, il répond d'un ton sec et commence à contester l'utilité de la réunion : "Franchement, pourquoi est-ce qu'on doit suivre encore ces directives ridicules ?" Sa réaction est dirigée contre l'autorité de manière délibérée, car il perçoit les règles et la hiérarchie comme une intrusion dans sa liberté d'action.

Scénario 2 : À la maison – Le dîner à préparer

C'EST L'HEURE DU DÎNER, et les parents demandent à leurs enfants de les aider à mettre la table et à préparer le repas.

Le comportement TDA/H

Emma, qui a un TDA/H, se lève avec enthousiasme pour aider, mais dès qu'elle entre dans la cuisine, elle est distraite par son téléphone qui sonne. Elle commence à répondre à des messages, puis se souvient qu'elle devait envoyer un e-mail urgent. Elle finit par oublier complètement qu'elle devait mettre la table et est surprise quand ses parents la rappellent à l'ordre. Sa distraction n'est pas volontaire ; elle est simplement due à sa difficulté à se concentrer sur une seule tâche.

Le comportement TOP

Hugo, qui a un TOP, est d'abord réticent à aider. Quand on lui demande de mettre la table, il répond : "Pourquoi moi ? Pourquoi toujours moi ?". Quand ses parents insistent, il traîne des pieds, claque les portes des placards et murmure des commentaires sarcastiques : "Je suis sûr qu'on pourrait inventer une machine pour faire ça à ma place." Son comportement est une réaction délibérée contre l'autorité parentale et les règles familiales, car il perçoit ces demandes comme une tentative de contrôle injustifiée.

Scénario 3 : Dans les relations personnelles – Le rendez-vous amicaux

DEUX AMIS SE RETROUVENT pour discuter autour d'un café, mais la conversation prend une tournure inattendue.

Le comportement TDA/H

Sarah, avec un TDA/H, est enchantée de voir son ami, mais elle a du mal à rester concentrée sur la conversation. Elle change constamment de sujet, parle vite, et interrompt fréquemment, non pas par manque d'intérêt, mais parce que son cerveau est déjà passé à la pensée suivante. À un moment donné, elle sort son téléphone pour vérifier quelque chose, puis se perd dans une autre application. Elle ne cherche pas à être irrespectueuse ; c'est juste que son esprit est en ébullition constante.

Le comportement TOP

Lucas, qui a un TOP, commence la conversation de manière agréable, mais dès que son ami fait une remarque qu'il perçoit comme critique, il passe en mode défensif. Il réagit vivement, coupe la parole de manière agressive et commence à contre-attaquer : "Tu me dis toujours quoi faire, pourquoi je devrais t'écouter ?". Il prend les remarques personnelles comme des tentatives de contrôle et répond par une confrontation directe, car il se sent menacé dans sa liberté d'expression.

Scénario 4 : Les devoirs ou le travail à domicile – La tâche qui attend

IMAGINE UNE TÂCHE À accomplir, comme des devoirs à faire pour le lendemain ou un rapport à rédiger.

Le comportement TDA/H

Léa, avec un TDA/H, s'assoit pour commencer ses devoirs, mais son esprit s'envole rapidement. Elle se lève pour prendre un verre d'eau, puis commence à regarder une vidéo drôle sur son téléphone. Une heure plus tard, elle réalise qu'elle n'a rien fait. Son manque de concentration est dû à une distraction constante et à une difficulté à maintenir l'attention sur une tâche qu'elle perçoit comme ennuyeuse.

Le comportement TOP

Paul, qui a un TOP, sait qu'il doit faire ses devoirs, mais il ressent une irritation intense dès qu'il s'y met. Il soupire, marmonne à quel point ces devoirs sont inutiles et comment les profs se croient tout permis. Il s'assoit, mais refuse de commencer réellement, ou fait exprès de mal faire la tâche pour exprimer son opposition aux attentes imposées. Son comportement est motivé par un besoin de défier l'autorité qui impose ces devoirs.

Scénario 5 : Les Courses – L'attente en file d'attente

ATTENDRE EN FILE D'ATTENTE dans un supermarché bondé peut être une situation compliquée pour tout le monde, mais voyons comment cela peut se dérouler pour nos deux personnages.

Le comportement TDA/H

Camille, avec un TDA/H, devient agitée en attendant. Elle se met à regarder autour, commence à vérifier son téléphone toutes les deux secondes, et finalement abandonne son panier pour aller chercher un produit qu'elle a oublié – puis réalise qu'elle a perdu sa place dans la file. Son comportement est agité, mais pas dans l'intention de défier qui que ce soit ; elle cherche simplement à occuper son cerveau et à gérer l'ennui.

Le comportement TOP

Tom, avec un TOP, se met en file d'attente et commence à taper du pied de manière démonstrative. Il soupire bruyamment, murmure des commentaires sur la lenteur du caissier, et finit par dire à voix haute : "Franchement, on devrait tous refuser de rester ici !". Il cherche à contester ce qu'il perçoit comme une organisation inefficace ou une situation injuste et souhaite entraîner les autres dans sa rébellion.

Quand la nuance fait toute la différence

À travers ces scénarios, on peut voir que bien que les comportements puissent sembler similaires – agitation, opposition, distraction – les motivations sous-jacentes et les contextes diffèrent fondamentalement entre le TDA/H et le TOP.

Pour faire simple :

Le TDA/H est souvent caractérisé par une difficulté à se concentrer, une impulsivité due à un manque de régulation de l'attention et une tendance à se disperser sans intention particulière de contester.

Le TOP, lui, est fondé sur un besoin persistant de s'opposer à l'autorité et aux règles, motivé par une perception de menace contre la liberté personnelle ou un sentiment d'injustice.

Le TSA et ses similarités avec le TOP

Comment le TSA peut se confondre avec le TOP ?

Il existe certaines similitudes entre le TSA (Trouble du Spectre de l'Autisme) et le TOP, même si ces deux conditions sont distinctes et ont des caractéristiques différentes. Comprendre ces points communs peut aider à mieux saisir les comportements et les besoins des personnes concernées. Voici quelques-unes des similitudes que l'on peut observer entre le TSA et le TOP :

Difficultés avec l'autorité et la conformité

LES PERSONNES AYANT un TSA, en particulier celles qui se situent à l'extrémité dite "autonome" du spectre, peuvent parfois manifester une résistance aux règles et à l'autorité, similaire à celle observée chez les personnes avec un TOP. Cette résistance peut être due à un besoin de compréhension rationnelle des règles ou à des difficultés à gérer les changements ou les imprévus.

Le comportement TSA

Les comportements de résistance à l'autorité peuvent découler d'une incompréhension des règles sociales implicites, d'une sensibilité sensorielle exacerbée, ou d'une rigidité cognitive. Par exemple, une personne TSA peut s'opposer à une règle simplement parce qu'elle ne comprend pas pourquoi cette règle est logique ou nécessaire dans un contexte donné.

Le comportement TOP

La résistance à l'autorité est plus émotionnelle et impulsive. Les personnes avec TOP se sentent souvent menacées ou frustrées par les règles et les restrictions, et leur opposition peut être une réaction automatique de réactance psychologique face à une tentative perçue de restreindre leur liberté ou leur autonomie.

Dans les deux cas, il y a une **tendance à s'opposer aux règles**, mais pour des raisons différentes : logique et compréhension chez le TSA, versus réactance et besoin de liberté chez le TOP.

Difficultés dans la gestion émotionnelle et les comportements

LES PERSONNES AVEC un TSA et celles avec un TOP peuvent toutes deux éprouver des difficultés à gérer leurs émotions, même si la nature de ces difficultés varie :

Le comportement TSA

Les comportements explosifs ou les crises de colère (meltdowns) peuvent survenir en réaction à une surcharge sensorielle, une perturbation des routines, ou une difficulté à exprimer ou comprendre des émotions complexes. Ces comportements ne sont pas nécessairement intentionnels, mais plutôt une réaction à une situation perçue comme insupportable.

Le comportement TOP

Les comportements de colère ou de provocation sont souvent une réaction à une situation perçue comme injuste, restrictive, ou autoritaire. La personne avec TOP peut se sentir menacée par les règles ou les attentes, et réagir avec agressivité ou défiance. Ici, les comportements sont plus intentionnels, une sorte de mécanisme de défense pour se sentir en contrôle.

Dans les deux cas, les difficultés à gérer les émotions et les comportements peuvent entraîner des conflits avec l'entourage et des malentendus dans les relations sociales.

Intolérance à la frustration et réactivité élevée

UNE AUTRE SIMILITUDE entre le TSA et le TOP est une intolérance à la frustration et une réactivité élevée face aux situations perçues comme stressantes ou frustrantes.

Le comportement TSA

Cette intolérance à la frustration peut se manifester lorsqu'une personne TSA est confrontée à un changement de routine, une situation sociale imprévue, ou une surcharge sensorielle. Les personnes TSA peuvent également avoir des difficultés à s'adapter à des situations ambiguës ou à des consignes floues, ce qui peut provoquer de la frustration.

Le comportement TOP

L'intolérance à la frustration est souvent liée à un sentiment de rébellion ou de défense contre l'autorité ou les règles. Les personnes avec TOP peuvent réagir de manière excessive à des demandes ou à des situations qu'elles perçoivent comme injustes ou contraignantes, même si ces demandes sont mineures ou rationnelles. Dans les deux cas, il y a une **réactivité élevée aux frustrations**, bien que les déclencheurs et les réponses émotionnelles puissent être différents.

Difficultés sociales et problèmes relationnels

Les deux troubles peuvent entraîner des difficultés dans les interactions sociales et des problèmes relationnels, même si les causes sous-jacentes diffèrent.

Le comportement TSA

Les difficultés sociales sont souvent liées à une compréhension différente des normes sociales, une communication atypique, ou une difficulté à interpréter les signaux non verbaux (comme les expressions faciales ou le ton de la voix). Cela peut entraîner des malentendus, des conflits, ou une tendance à se retirer des situations sociales.

Le comportement TOP

Les problèmes sociaux sont souvent liés à une attitude provocante ou opposante. Les personnes avec TOP peuvent avoir des conflits fréquents avec les figures d'autorité (comme les enseignants, les parents, ou les patrons) et les pairs, car elles ressentent le besoin de défier ou de contester ce qui est perçu comme injuste ou contraignant.

Dans les deux cas, les **problèmes relationnels** sont une réalité, mais ils proviennent de causes différentes : des différences de communication et de perception pour le TSA, et une dynamique de défi et d'opposition pour le TOP.

Besoin d'autonomie et de contrôle

UN BESOIN FORT D'AUTONOMIE et de contrôle peut se manifester dans les deux cas, mais encore une fois, pour des raisons différentes.

Le comportement TSA

Ce besoin de contrôle peut être lié à une recherche de prévisibilité et de sécurité. Les personnes TSA peuvent ressentir le besoin de structurer leur environnement de manière rigide pour se sentir en sécurité et éviter l'angoisse liée aux imprévus.

Le comportement TOP

Le besoin de contrôle est souvent plus lié à un désir de liberté et de pouvoir personnel. Les personnes avec TOP veulent se sentir indépendantes et ne pas être contrôlées par d'autres. Elles réagissent mal aux tentatives de les contraindre ou de leur imposer des règles qu'elles jugent arbitraires.

Dans les deux cas, le **besoin d'autonomie et de contrôle** est fort, mais il est motivé par des raisons différentes : la sécurité et la prévisibilité pour le TSA, versus la liberté et l'indépendance pour le TOP.

Dans le cerveau d'une personne TSA

LE TSA C'EST UNE FAÇON unique de percevoir et d'interagir avec le monde. Comprendre ce qui se passe "dans le cerveau d'une personne TSA" permet de voir que cette manière de penser n'est pas un "défaut" ou un "dysfonctionnement", mais plutôt une variante neuromodale(*1*). Voici ce que l'on sait sur ce qui se passe dans le cerveau d'une personne avec TSA et comment cela peut expliquer certains comportements et caractéristiques.

Le cerveau d'une personne TSA présente souvent une connectivité cérébrale atypique. Cela signifie que les différentes parties du cerveau communiquent de manière différente par rapport à une personne neuro-typique.

Dans certaines régions du cerveau, il peut y avoir une connectivité excessive entre les neurones. Par exemple, les régions du cerveau impliquées dans le traitement des détails sensoriels (comme le cortex sensoriel) peuvent être sur-connectées. Cela peut expliquer pourquoi beaucoup de personnes avec TSA sont très sensibles aux stimuli sensoriels (bruits, lumières, textures, etc.). Elles perçoivent et traitent ces informations de manière intense et détaillée.

En revanche, il peut y avoir une connectivité réduite entre des régions distantes du cerveau qui sont normalement bien connectées chez une personne neuro-typique. Cela peut affecter la capacité à intégrer des informations provenant de différentes sources (comme les signaux visuels, auditifs et sociaux). Par exemple, comprendre le contexte d'une situation sociale nécessite de relier rapidement de nombreux indices différents, ce qui peut être plus difficile pour une personne TSA.

En somme, le cerveau TSA fonctionne un peu comme un orchestre où chaque section joue très fort et en détail, mais où la coordination globale peut parfois manquer. Cela peut entraîner une perception très riche de certains détails, mais aussi une difficulté à percevoir le "tableau d'ensemble".

Une différence dans le traitement de l'information sociale

Ce cerveau atypique traite l'information sociale de manière différente. Par exemple, des régions comme l'amygdale et le cortex pré-frontal, qui sont impliquées dans la reconnaissance des émotions, le traitement des expressions faciales et la compréhension des intentions d'autrui, peuvent fonctionner différemment.

L'amygdale, qui joue un rôle dans la reconnaissance et la réponse aux émotions, est souvent moins active ou hyperactive. Cela peut expliquer pourquoi certaines personnes autistes ont du mal à reconnaître les émotions sur le visage des autres ou à répondre de manière appropriée aux indices émotionnels. Cela ne signifie pas qu'elles ne ressentent pas d'empathie, mais que la détection et le traitement des émotions peuvent être différents.

Le cortex pré-frontal chez les personnes TSA, peut montrer des schémas d'activation différents. Par exemple, certaines études ont montré que la capacité à interpréter les intentions des autres (aussi appelée "théorie de l'esprit") peut être moins intuitive, rendant les interactions sociales plus déroutantes.

Ces différences peuvent expliquer pourquoi les situations sociales peuvent parfois être épuisantes ou confuses. Les personnes autistes doivent utiliser plus de ressources cognitives pour comprendre des règles sociales qui, pour les autres, sont intuitives.

Un traitement sensoriel amplifié : un volume à 11 quand tout le monde est à 5

Elles ressentent le monde est ressentent de manière beaucoup plus intense sur le plan sensoriel. Ce phénomène est lié à une hyper- ou hypo-sensibilité sensorielle.

- **Hypersensibilité sensorielle** : Le cerveau traite certains stimuli sensoriels (comme les sons, les lumières, les textures) de manière amplifiée. Une lumière fluorescente peut sembler éblouissante, un bruit de fond peut devenir envahissant, ou le toucher d'un tissu particulier peut être insupportable. Ces expériences sensorielles peuvent être tellement envahissantes qu'elles entraînent des comportements d'évitement ou de retrait.

- **Hypo-sensibilité sensorielle** : À l'inverse, certaines peuvent avoir une sensibilité réduite à certains stimuli. Elles peuvent par exemple rechercher des sensations fortes ou un contact physique intense pour ressentir pleinement le monde qui les entoure. Cela peut se traduire par des comportements de stimulation sensorielle, comme se balancer, se tapoter, ou frotter certaines textures.

Ces différences dans le traitement sensoriel peuvent rendre le quotidien très différent de celui d'une personne neuro-typique. Ce n'est pas que les personnes

TSA "*surdimensionnent*" les stimuli, mais leur cerveau réagit différemment à ce qui se passe autour d'eux.

Le fonctionnement exécutif : la gestion de l'organisation et de la flexibilité cognitive

Les fonctions exécutives (qui incluent la planification, l'organisation, la gestion du temps, et la flexibilité cognitive) sont souvent affectées.

- **Rigidité cognitive** : Beaucoup de personnes TSA ont une pensée plus "rigide" et ont du mal à s'adapter aux changements ou aux imprévus. Elles préfèrent les routines et les situations prévisibles, car cela les aide à réduire l'incertitude et l'anxiété. Cette rigidité cognitive peut rendre difficile l'adaptation à des changements soudains, même mineurs, dans leur environnement ou dans leurs plans.

- **Difficultés de planification et d'organisation** : Les tâches qui nécessitent de diviser un objectif en étapes, de prioriser, ou de suivre une séquence complexe peuvent être particulièrement difficiles. Par exemple, préparer un repas ou organiser une sortie peut sembler accablant en raison des nombreuses décisions à prendre et de la nécessité de s'adapter aux imprévus.

Ces différences dans le fonctionnement exécutif expliquent pourquoi des tâches de la vie quotidienne, qui semblent simples pour d'autres, peuvent être perçues comme des montagnes insurmontables.

Des intérêts spécifiques et hyper-focus ou l'art de la passion absolue

Une caractéristique commune du TSA est la présence d'intérêts spécifiques et intenses. Ces intérêts, souvent qualifiés de "restreints", peuvent prendre toute leur importance dans la vie d'une personne autiste.

- **L'hyper-focus** : Lorsqu'une personne TSA est passionnée par un sujet, elle peut atteindre un niveau de concentration intense et prolongée, parfois au point d'oublier le reste du monde. Cet hyper-focus peut conduire à une expertise impressionnante dans des domaines très pointus, comme la météo, les animaux marins, ou un sujet d'histoire spécifique.

- **Utilité de ces intérêts** : Ces intérêts spécifiques peuvent être très utiles et sources de joie, mais aussi être perçus comme une obsession par les autres. Cependant, ils apportent souvent un sens de l'ordre, de la prévisibilité, et une grande satisfaction personnelle, jouant un rôle clé dans la gestion du stress et l'auto-régulation.

L'hyper-focus et les intérêts spécifiques ne sont pas seulement des obsessions ; ils sont aussi une source d'épanouissement et de compétence.

une neuro-diversité qui offre une autre vision du monde

Le cerveau d'une personne TSA est unique, avec une organisation, une connectivité, et un traitement de l'information différents. Ces différences expliquent pourquoi ces personnes peuvent percevoir, ressentir, et réagir au monde de manière distincte. Elles apportent également des compétences uniques et des perspectives différentes qui enrichissent la diversité de notre compréhension humaine. Comprendre ces nuances permet de mieux accueillir cette diversité neuro-développementale avec empathie, respect, et ouverture d'esprit.

(1)Une variante neuromodale est une expression utilisée pour décrire une manière différente de fonctionner au niveau neurologique, autrement dit, une façon unique de penser, de percevoir, et d'interagir avec le monde due à des différences dans la structure ou le fonctionnement du cerveau.

L'expression "variante neuromodale" s'inscrit dans le concept de neurodiversité, qui reconnaît que les différences neurologiques (comme celles observées chez les personnes autistes, les personnes avec TDA/H, les personnes HPI, etc.) ne sont pas des "anomalies" à corriger, mais plutôt des variations naturelles de l'esprit humain. Ces variantes ne sont pas nécessairement des troubles ou des handicaps, mais des façons différentes de penser et de se comporter.

Pour résumer, une variante neuromodale signifie qu'une personne possède un mode de fonctionnement neurologique différent de la norme dite "neurotypique". C'est une façon de reconnaître et de valoriser la diversité des cerveaux humains, en mettant en avant le fait que ces différences ne sont ni bonnes ni mauvaises, mais simplement différentes.

Le HPI et ses similarité avec le TOP

Comment le HPI peut se confondre avec le TOP

Il existe aussi certaines similitudes entre les personnes HPI (Haut Potentiel Intellectuel) et celles ayant un TOP (Trouble Oppositionnel avec Provocation). Même si ces deux profils sont distincts – l'un étant caractérisé par des capacités intellectuelles exceptionnelles et l'autre par une tendance marquée à la rébellion et à l'opposition –, ils partagent certaines caractéristiques qui peuvent parfois les rendre difficiles à distinguer. Explorons les similitudes et leurs causes potentielles.

Une tendance à remettre en question l'autorité et les règles

LES PERSONNES HPI, tout comme celles avec un TOP, montrent souvent une tendance à remettre en question l'autorité, les règles, et les conventions sociales.

Pour le HPI

Cette tendance à questionner les règles provient souvent d'un besoin profond de compréhension et de logique. Les personnes HPI veulent savoir "pourquoi" une règle existe, et si cette règle ne leur semble pas rationnelle ou juste, elles peuvent la contester ou l'ignorer. Leur esprit critique élevé les pousse à chercher la cohérence et à rejeter ce qui leur paraît arbitraire ou illogique.

Pour le TOP

La remise en question de l'autorité est plus instinctive et émotionnelle. Les personnes avec TOP réagissent souvent par défi ou par provocation face aux règles, surtout lorsqu'elles sentent qu'on leur impose des contraintes qu'elles jugent injustes ou inutiles. Leur réaction est plus impulsive, souvent déclenchée par un sentiment de frustration ou d'injustice.

Dans les deux cas, il y a une résistance à l'autorité et aux règles perçues comme illogiques ou injustes, mais pour des raisons différentes : logique et besoin de compréhension chez le HPI, réactance émotionnelle et besoin de liberté chez le TOP.

Un fort besoin d'autonomie et de liberté

LES PERSONNES HPI ET celles avec TOP partagent souvent un fort besoin d'autonomie et de liberté dans leur pensée et leurs actions.

Pour le HPI

Ce besoin découle d'une capacité à penser par eux-mêmes, souvent en avance sur leur âge ou leur groupe de pairs. Ils préfèrent trouver leurs propres solutions et peuvent s'impatienter face à des méthodes qu'ils jugent lentes ou inefficaces. Leur désir d'autonomie est lié à leur rapidité de pensée et à leur besoin de stimulation intellectuelle.

Pour le TOP

Le besoin de liberté et d'autonomie est plus instinctif et émotionnel. Les personnes avec TOP ressentent souvent un désir ardent d'être indépendantes, de ne pas être contrôlées ou dirigées. Elles perçoivent les règles comme des menaces directes à leur liberté personnelle et peuvent réagir par la provocation ou le refus.

Dans les deux cas, le besoin d'autonomie et de liberté est central, bien que motivé par des raisons différentes : un besoin de penser et d'agir librement chez le HPI, et une réactance psychologique contre la contrainte chez le TOP.

Réactivité émotionnelle et sensibilité accrue

POUR LE HPI

Cette réactivité peut être liée à une hypersensibilité émotionnelle. Les personnes HPI sont souvent très sensibles aux injustices, aux incohérences, et aux émotions des autres. Elles peuvent réagir fortement à des situations qui ne semblent pas aussi significatives pour les autres, car elles perçoivent les subtilités émotionnelles ou les implications plus profondes de ces situations.

65

Pour le TOP

La réactivité émotionnelle est souvent liée à un sentiment d'être injustement traité ou contraint. Une personne avec TOP peut passer rapidement de la frustration à la colère lorsqu'elle perçoit une situation comme oppressante ou injuste. Leur réactivité est plus directe et impulsive, souvent sans filtre.

Les deux groupes présentent une réactivité émotionnelle accrue, mais la source de cette réactivité diffère : une perception aiguë et sensible de l'environnement chez le HPI, et une réaction de défense contre les menaces perçues chez le TOP.

Créativité et pensée divergente

LA CRÉATIVITÉ ET LA pensée divergente sont souvent des points communs entre les personnes HPI et celles avec TOP.

Pour le HPI

La créativité découle de leur capacité à penser de manière non conventionnelle, à établir des liens entre des idées apparemment disparates, et à trouver des solutions innovantes à des problèmes complexes. Les personnes HPI aiment explorer de nouvelles idées et peuvent être très inventives dans leur approche des défis.

Pour le TOP

La pensée divergente peut se manifester sous forme de contestation des normes et des attentes. Les personnes avec TOP ne se contentent pas de suivre le troupeau et peuvent souvent proposer des idées ou des approches différentes, précisément parce qu'elles refusent de se conformer. Leur créativité est souvent motivée par un désir de défier l'ordre établi ou de prouver qu'il existe d'autres façons de faire.

Dans les deux cas, la créativité et la pensée divergente sont présentes, mais elles ont des motivations différentes : une exploration intellectuelle et cognitive chez le HPI, et une contestation de la norme chez le TOP.

Besoin de stimulation et d'engagement

POUR LE HPI

Les personnes HPI ont besoin de stimulation intellectuelle constante pour éviter l'ennui. Elles recherchent souvent des défis complexes, des discussions profondes, et des environnements qui nourrissent leur curiosité insatiable.

Pour le TOP

Les personnes avec TOP ont également besoin de stimulation, mais cette stimulation est souvent liée à l'interaction sociale et à la provocation. Elles peuvent s'engager dans des conflits ou des débats pour ressentir une forme d'excitation ou de satisfaction en défiant les attentes des autres.

Dans les deux cas, il y a un besoin de stimulation constant, mais la nature de cette stimulation diffère : intellectuelle et cognitive chez le HPI, émotionnelle et sociale chez le TOP.

Difficultés relationnelles et conflits sociaux

POUR LE HPI

Ces difficultés peuvent découler d'un décalage intellectuel et émotionnel par rapport à leurs pairs. Les personnes HPI peuvent se sentir incomprises, marginalisées, ou frustrées par le manque de stimulation intellectuelle dans leurs interactions sociales.

Pour le TOP

Les conflits sociaux sont souvent le résultat d'une opposition ouverte, d'une provocation, ou d'une contestation constante de l'autorité et des règles. Les personnes avec TOP peuvent se retrouver en conflit avec des figures d'autorité (parents, enseignants, patrons) ou avec leurs pairs, en raison de leur besoin constant de défi et de contrôle.

Dans les deux cas, les difficultés relationnelles sont courantes : un décalage et une incompréhension chez le HPI, et un comportement provocateur et opposant chez le TOP.

Comme pour le TDAH et le TSA, ces comportements partagés ont des motivations profondes et des origines différentes.

Dans ce cas, un besoin de logique, de stimulation intellectuelle, et de justice chez le HPI, versus une réaction émotionnelle, une réactance psychologique, et un besoin de défier l'autorité chez le TOP.

Dans le cerveau d'une personne HPI

LE HAUT POTENTIEL INTELLECTUEL (HPI) désigne généralement les personnes dont le quotient intellectuel (QI) est nettement supérieur à la moyenne, généralement au-dessus de 130. Le HPI est une façon unique de penser, de percevoir, et de traiter l'information. Pour comprendre ce qui se passe dans le cerveau HPI, il faut se pencher sur les particularités neuro-biologiques et cognitives qui rendent leur fonctionnement si distinct.

Tout d'abord, ce cerveau présente souvent une connectivité cérébrale accrue, ce qui signifie que les différentes régions du cerveau sont plus interconnectées et communiquent de manière plus efficace.

Ces personnes ont souvent une vitesse de traitement de l'information plus élevée. Cette rapidité est due à une plus grande efficacité des connexions neuronales, qui permettent aux signaux électriques de voyager plus rapidement à travers le cerveau. Cela peut expliquer pourquoi les personnes HPI peuvent absorber, analyser et synthétiser l'information plus rapidement que la moyenne.

Il montre également une connectivité fonctionnelle plus importante entre certaines régions, comme le cortex pré-frontal et les régions associées à la mémoire de travail, à l'attention et à l'intégration multi-sensorielle. Cette connectivité accrue permet une intégration plus rapide et plus efficace des différentes sources d'informations (visuelles, auditives, émotionnelles), ce qui est essentiel pour la résolution de problèmes complexes et la pensée créative.

Cette hyper-connectivité peut donner l'impression que le cerveau HPI est constamment en train de "fonctionner à plein régime", ce qui peut expliquer la rapidité de pensée, mais aussi parfois la surcharge cognitive ou l'épuisement mental.

Ce cerveau est souvent caractérisé par une « pensée en arborescence », où une idée en amène une autre, puis une autre, créant une chaîne complexe de pensées interconnectées.

Ces personnes ont tendance à utiliser une pensée divergente, qui consiste à générer de nombreuses idées ou solutions possibles à partir d'un seul point de départ. Elles sont capables de voir plusieurs angles et perspectives d'un problème, ce qui les rend souvent très créatives et capables de trouver des solutions innovantes. Cette pensée est alimentée par leur connectivité cérébrale accrue, qui facilite l'établissement de liens entre des concepts apparemment sans rapport. Il établit des associations rapides entre des idées ou des concepts qui ne semblent pas immédiatement liés. Par exemple, une phrase, un mot ou une image peut déclencher une cascade d'idées connexes, de souvenirs ou de réflexions. Ce processus est souvent si rapide que ces personnes peuvent avoir du mal à suivre ou à verbaliser tout ce qui se passe dans leur esprit.

Cette pensée foisonnante est à la fois une force – elle permet une grande créativité et une réflexion originale – mais peut aussi présenter des défis. En effet, le flot continu d'idées peut parfois conduire à une sensation de surcharge mentale et rendre difficile le fait de se concentrer longuement sur une seule tâche. Cependant, contrairement au TDA/H où la difficulté de concentration est liée à un déficit attentionnel, chez les personnes HPI, elle découle souvent d'une surabondance d'idées et d'un besoin constant de stimulation intellectuelle.

De plus, il montre souvent une activité accrue dans les régions liées aux émotions, comme le système limbique, et particulièrement l'amygdale.

Hypersensibilité émotionnelle

L'amygdale, qui joue un rôle crucial dans le traitement des émotions, peut être plus active chez les personnes HPI, ce qui entraîne une hypersensibilité émotionnelle. Cela signifie qu'elles peuvent ressentir les émotions – les leurs et celles des autres – de manière plus intense. Elles peuvent être plus rapidement touchées par une situation émotive, une injustice, ou un événement triste, et peuvent également avoir une empathie profonde pour les expériences des autres.

Connexion émotion-réflexion

En même temps, il existe une forte connexion entre le système limbique (émotions) et le cortex pré-frontal (réflexion, contrôle). Cela peut conduire à une capacité remarquable à utiliser leurs émotions comme source d'information pour guider leurs décisions et leur pensée, mais cela peut aussi signifier qu'elles sont plus susceptibles d'être submergées par leurs propres émotions, en particulier dans des situations de stress ou d'injustice.

Cette combinaison d'intensité émotionnelle et de réflexion analytique peut parfois mener à une sur-analyse des situations sociales ou émotionnelles, rendant les interactions plus complexes et plus fatigantes.

Les études montrent que les personnes HPI ont une plasticité cérébrale plus élevée. En d'autres mots, leur cerveau est plus capable de se réorganiser et de créer de nouvelles connexions neuronales en réponse aux expériences et à l'apprentissage.

Cette plasticité accrue leur permet d'apprendre rapidement et d'adapter leurs stratégies de pensée ou de comportement à de nouvelles situations. Elles peuvent également faire preuve d'une grande flexibilité cognitive, en passant facilement d'une tâche à l'autre ou en trouvant des solutions créatives à des problèmes nouveaux. Mais aussi, souvent, de surmonter des déficits ou des difficultés en compensant par d'autres compétences. Par exemple, une personne HPI avec des difficultés d'apprentissage dans un domaine particulier peut développer des stratégies alternatives ou utiliser d'autres domaines de force pour compenser.

La plasticité cérébrale est une caractéristique qui permet à ces personnes de s'adapter rapidement et de trouver des solutions uniques et innovantes dans des environnements changeants ou complexes.

Un cerveau en hyper-stimulation ou l'effet du trop-plein de pensées

Il traite en permanence un grand volume d'informations, ce qui peut parfois être accablant. Ces personnes décrivent souvent leur esprit comme étant constamment en ébullition, avec des pensées qui se chevauchent et se précipitent les unes sur les autres. Cette activité mentale intense peut rendre difficile le fait de "déconnecter" ou de se détendre, même dans des environnements calmes ou pendant des moments de repos.

Parce que le cerveau HPI est toujours "allumé", il peut être plus sujet à la surcharge cognitive. Les personnes à haut potentiel intellectuel peuvent ressentir de la fatigue mentale, du stress ou de l'épuisement face à des situations sociales complexes, des environnements bruyants ou lorsqu'elles traitent simultanément de multiples idées. Bien que ces expériences puissent rappeler celles vécues par des personnes avec un TSA, elles s'expliquent ici par l'intensité cognitive et émotionnelle propre au HPI..

Cette hyper-stimulation cérébrale peut être à la fois une bénédiction (grâce à la capacité de traiter rapidement des informations complexes) et un défi (en raison de la difficulté à se concentrer, à filtrer les distractions ou à s'apaiser).

Ce cerveau peut commun, environ 2% de la population, est souvent en quête de sens et de cohérence, cherchant à comprendre non seulement le "quoi" des choses, mais aussi le "pourquoi" et le "comment". Il a tendance à se poser beaucoup de questions, à creuser sous la surface des choses pour en comprendre le sens caché. Il cherche souvent à comprendre le "grand tableau" et peut être frustré par des réponses superficielles ou des explications qui manquent de profondeur.

Cette recherche de sens peut également entraîner une analyse excessive ou une rumination mentale. Il ne se contente pas de la première réponse ou de l'explication évidente, mais explore toutes les implications, les contradictions, et les complexités. Cela peut conduire à des moments d'inquiétude, d'angoisse, ou de doute.

Ce besoin intense de sens et de cohérence est une force motrice, qui pousse à l'exploration intellectuelle, mais peut aussi être source de tension et de stress si le sens recherché reste insaisissable.

Un cerveau hyper-connecté, hyperactif et hypersensible

Le cerveau HPI fonctionne différemment en raison de sa connectivité accrue, de sa plasticité élevée, de sa pensée en « arborescence », et de son hypersensibilité émotionnelle. Ces caractéristiques expliquent pourquoi les personnes HPI sont souvent perçues comme très rapides dans leur réflexion, intenses dans leurs émotions, et créatives dans leur pensée. Cependant, ces mêmes caractéristiques peuvent aussi entraîner la surcharge cognitive, une tendance à l'analyse excessive et la difficulté à se concentrer ou à se détendre.

La réactance psychologique

Le désir de retrouver sa liberté

Ce terme qui semble tout droit sorti d'un manuel de psycho 101, mais qui, en réalité, est bien plus courant que tu ne le penses. C'est ce petit truc agaçant qui te fait immédiatement vouloir faire le contraire de ce qu'on te dit. Comme un chat que tu essaies de mettre dans un bain. Cette petite créature adorable qui se transforme soudainement en une boule de poils *griffante* et glissante ? Eh bien, c'est un peu ça, la réactance psychologique, mais dans notre cerveau. Alors, pourquoi résistons-nous autant aux restrictions, même quand elles semblent tout à fait raisonnables ?

Qu'est-ce que la réactance psychologique ?

La réactance psychologique est un phénomène qui se produit lorsque nous sentons que notre liberté de choix est menacée ou restreinte. C'est cette sensation désagréable qui monte en nous comme une vague de protestation intérieure, dès que quelqu'un nous dit : "Tu ne peux pas faire ça" ou "Tu dois faire ceci." Notre cerveau, toujours avide de liberté et de contrôle, n'aime pas du tout qu'on lui dise quoi faire. Il entre alors en mode "rebelle", même si le comportement à adopter est objectivement bénéfique ou sans réelle conséquence.

Cette réactance n'est pas un caprice mais une réaction psychologique naturelle. En gros, c'est notre esprit qui dit : "*Attends une minute... qui es-tu pour me dire ce que je dois faire ?*" La réactance nous pousse à défendre notre autonomie comme s'il en allait de notre survie, même quand la situation est relativement anodine.

Notre cerveau, le gardien de notre liberté

Pour comprendre pourquoi nous réagissons ainsi, il faut se pencher sur une des fonctions fondamentales de notre cerveau : protéger notre autonomie. Depuis les premiers jours de l'humanité, l'idée de liberté est ancrée dans notre cerveau comme une valeur essentielle à notre survie. Si nos ancêtres chasseurs cueilleurs avaient suivi aveuglément les ordres de quelqu'un d'autre, ils auraient peut-être fini en face-à-face avec un lion affamé parce qu'on leur avait dit de "ne pas bouger". Notre cerveau a donc appris très tôt que préserver notre capacité de décision est essentiel pour rester en sécurité et maître de notre destin.

Notre cerveau est programmé pour ne pas aimer quand quelqu'un nous prive de choix ou de liberté d'action. Cela déclenche une réponse de défense, un peu comme un chien qui grogne quand on essaie de lui prendre son jouet préféré. Nous réagissons non seulement pour retrouver notre liberté perdue, mais aussi pour prouver que nous sommes encore aux commandes de notre propre vie.

Une alarme intérieure qui hurle "*Je fais ce que je veux !*"

Quand nous ressentons de la réactance psychologique, notre cerveau active plusieurs mécanismes comme la perception de la menace à la liberté. Que ce soit un parent qui dit "Tu dois te coucher maintenant", un ami qui insiste pour choisir le restaurant, ou un supérieur qui impose une nouvelle règle au travail, notre cerveau détecte immédiatement une atteinte à notre capacité de choix. Et quand on sent cette menace, c'est comme si un voyant rouge s'allumait sur le tableau de bord de notre esprit : "Attention ! Perte de liberté détectée !"

L'amygdale est notre centre de la gestion des émotions, alors lorsqu'elle perçoit une menace à notre autonomie, elle s'active et envoie un signal d'alerte. Cela peut déclencher une montée de colère, d'irritation ou de frustration, un réflexe automatique face à une restriction. Ce n'est pas vraiment une réflexion consciente, mais plutôt une réponse émotionnelle brutale et instinctive, qui nous pousse à vouloir repousser cette contrainte coûte que coûte.

En réponse à cette alerte, notre cerveau libère de l'énergie mentale et émotionnelle pour rétablir la liberté perdue. Cela peut se traduire par des comportements de défi ou de refus, simplement pour retrouver le sentiment d'être aux commandes. C'est comme appuyer sur le bouton "Retour à l'envoyeur" – tu veux annuler la restriction et reprendre le contrôle de la situation, peu importe ce que cela implique.

Pourquoi résistons-nous tant aux restrictions ?

<h1 style="text-align:center">JE RÉAGIS, DONC JE SUIS !</h1>

La réactance psychologique est particulièrement forte quand les restrictions sont inattendues ou imposées brutalement. Si une règle ou une limite nous prend par surprise, notre cerveau a tendance à réagir plus violemment. C'est comme si, tout d'un coup, quelqu'un fermait la porte juste sous notre nez. Cela crée un sentiment de privation et de frustration qui peut déclencher une réactance immédiate.

Plus nous tenons à la liberté qui nous est enlevée, plus la réactance est forte. Si quelqu'un te dit que tu ne peux pas manger ton dessert préféré, ta réactance pourrait être plus forte que si l'on t'interdit de faire quelque chose qui ne t'intéresse pas vraiment. Notre cerveau réagit d'autant plus fort que la restriction touche à quelque chose qui compte pour nous et quand une restriction semble injuste, arbitraire ou inutile, notre cerveau entre en mode "rébellion automatique". Si quelqu'un dit : "Ne fais pas ça parce que... je l'ai décidé", notre cerveau détecte alors une incohérence : "Pourquoi m'enlever ma liberté sans raison valable ?"

Cette réactance psychologique peut entraîner des comportements qui semblent irrationnels, mais qui ont en fait un but précis : rétablir l'autonomie personnelle.

Si on te dit de ne pas toucher le bouton rouge, tu auras soudainement envie de le faire. Ce n'est pas juste par esprit de contradiction, mais parce que ton cerveau ressent le besoin urgent de montrer qu'il est toujours libre de choisir. Tu peux aussi commencer à critiquer ou à rejeter la personne ou l'autorité qui impose la restriction. C'est une manière de réaffirmer ton indépendance et de minimiser le pouvoir de cette autorité sur toi. Ou alors, tu vas chercher d'autres façons de récupérer ta liberté. Si une option est fermée, tu vas tenter de trouver une autre porte de sortie, juste pour montrer que tu es encore aux commandes.

Il s'agit d'une réponse tout à fait normale et humaine à la perception d'une menace contre notre liberté. Elle nous pousse à réagir, parfois de manière démesurée, pour rétablir notre autonomie. Ce petit gardien de la liberté dans notre cerveau est toujours prêt à monter la garde dès qu'une restriction pointe le bout de son nez.

Alors, la prochaine fois que tu ressens ce besoin irrépressible de faire exactement le contraire de ce qu'on te dit, sache que ce n'est pas juste de l'obstination gratuite : c'est ton cerveau qui défend farouchement ton droit fondamental à choisir et à décider. C'est peut-être agaçant, mais c'est aussi une preuve que nous tenons à notre liberté comme à un trésor précieux.

Que se passe-t-il réellement dans le cerveau ?

POURQUOI RESSENTONS-nous ce besoin irrésistible de faire le contraire de ce qu'on nous demande dès que quelqu'un impose une restriction ? Pour comprendre ce phénomène, plongeons dans les méandres de notre esprit et voyons comment certaines zones cérébrales travaillent ensemble pour défendre notre précieuse liberté.

L'amygdale

Comme expliqué précédemment, l'amygdale est cette petite structure en forme d'amande dans notre cerveau. Elle détecte les menaces et déclenche une réponse émotionnelle rapide. Quand nous percevons qu'une de nos libertés est menacée (même si c'est simplement quelqu'un qui nous dit "Ne touche pas à ça"), l'amygdale entre en jeu. Elle active une réaction de défense en envoyant un signal d'alarme à travers le cerveau : "Attention, danger !"

Cette alarme déclenche immédiatement des sentiments de frustration, de colère, ou même d'anxiété. C'est pour cela que, parfois, une simple demande peut nous mettre dans tous nos états. L'amygdale, en mode "garde du corps", nous incite à nous défendre contre ce qu'elle perçoit comme une atteinte à notre autonomie. Elle se dit : "Pas question de se laisser faire !"

Le cortex pré-frontal

En temps normal, le cortex pré-frontal nous aide à analyser les situations de manière rationnelle et à décider de la meilleure façon de réagir. Mais lorsque la réactance psychologique s'active, le cortex pré-frontal est un peu mis sur la touche par l'amygdale en panique.

Lorsqu'une restriction est perçue, l'amygdale inonde le cerveau de signaux d'alerte émotionnelle, réduisant la capacité du cortex pré-frontal à prendre le temps de réfléchir calmement et logiquement. C'est comme si l'amygdale tirait sur les rênes en disant : "Stop ! Il faut réagir maintenant, pas question d'attendre ou de réfléchir !" Le cortex pré-frontal, pris en otage par cette vague émotionnelle, a du mal à moduler ces impulsions. Résultat : nous nous sentons poussés à réagir immédiatement pour repousser la restriction perçue.

La dopamine

Une autre zone qui entre en jeu est le circuit de la récompense, qui comprend des régions comme le *striatum* et le *nucleus accumbens* (tu ne l'avais pas vu venir celui-la). Ce circuit est principalement alimenté par la dopamine, un neurotransmetteur qui joue un rôle prédominant dans le sentiment de plaisir et de satisfaction. Quand nous faisons quelque chose qui nous procure du plaisir (comme manger un bon gâteau ou obtenir un compliment), notre cerveau libère de la dopamine, nous encourageant ainsi à répéter cette action.

Dans le cas de la réactance psychologique, lorsque nous résistons à une restriction, notre cerveau peut libérer de la dopamine en réponse à cette "victoire" perçue. Cela crée un sentiment de satisfaction immédiat parce que nous avons défendu notre liberté. C'est comme donner une friandise à ton chien quand il donne la patte : il est content, il adore ça, et il en veut encore ! Chaque fois que nous disons "non" à une restriction perçue, notre cerveau nous récompense avec une dose de dopamine, ce qui nous motive à résister encore plus à l'avenir !

Le cortex cingulaire antérieur

Quand notre cerveau détecte une contradiction – par exemple, vouloir obéir pour éviter des ennuis, mais ressentir en même temps un besoin intense de résister – le cortex cingulaire antérieur (CCA) s'active pour essayer de résoudre ce conflit.

Cependant, dans un état de réactance, le CCA peut devenir hyperactif, signalant que quelque chose ne va pas et amplifiant ainsi la tension interne. "

Mais pourquoi dois-je me conformer ? Ça ne va pas du tout !" Ce sentiment de conflit interne augmente notre malaise et renforce notre désir de faire exactement le contraire de ce qui est demandé.

La mémoire épisodique

Enfin, notre mémoire épisodique (gérée en partie par l'hippocampe) entre également en jeu. Elle stocke tous nos souvenirs d'expériences passées, y compris les fois où nous avons été forcés de faire quelque chose contre notre gré, où nous avons ressenti une perte de liberté. Quand nous ressentons de la réactance, notre cerveau peut puiser dans ces souvenirs pour renforcer notre réaction.

Par exemple, si, enfant, nous avons été souvent forcés de suivre des règles strictes sans explication, notre cerveau peut se souvenir de ces expériences comme d'injustices passées. Ces souvenirs ressurgissent dans notre esprit, amplifiant notre désir de nous opposer aux nouvelles restrictions. C'est comme si notre cerveau disait : "On ne m'y reprendra pas ! Cette fois, je ne me laisse pas faire."

En résumé

Lorsque nous ressentons de la réactance psychologique, notre cerveau active un réseau complexe de zones interconnectées qui travaillent ensemble pour défendre notre autonomie.

> L'amygdale sonne l'alarme et déclenche une réponse émotionnelle rapide :

1. *Le cortex pré-frontal* est mis en difficulté, incapable de rationaliser calmement à cause de l'alerte émotionnelle.
2. *Le circuit de la récompense* offre une satisfaction immédiate pour toute action de résistance, renforçant le comportement de défi.
3. *Le cortex cingulaire antérieur* amplifie le conflit interne, rendant la situation encore plus tendue.
4. *La mémoire épisodique* ravive de vieux souvenirs de restrictions subies, alimentant davantage la flamme de la rébellion.

En bref, tu l'as compris, lorsque notre cerveau perçoit une menace à notre liberté, il entre en mode "bataille" pour récupérer le contrôle à tout prix. Et c'est cette symphonie d'activations cérébrales qui nous pousse à résister, parfois farouchement, aux restrictions imposées – même quand, au fond, elles ne sont peut-être pas si dramatiques que cela.

Quand dire "non" devient un réflexe

10 cas de réactances psychologique dans la vie courante

LA RÉACTANCE PSYCHOLOGIQUE est un phénomène que nous avons tous vécu à un moment ou à un autre, souvent sans même nous en rendre compte. Ce besoin instinctif de résister, de faire le contraire ou de rejeter une règle qui nous semble imposée fait partie de notre quotidien. Voici quelques exemples concrets pour illustrer comment la réactance psychologique se manifeste dans la vie de tous les jours, que ce soit au travail, à la maison ou dans des situations sociales.

Ne touchez pas à ça !

Tu es dans une salle avec un gros bouton rouge et au centre de la table face à toi, il y a une pancarte bien visible qui dit : "NE TOUCHEZ PAS À CE BOUTON" lumineuse qui clignote. Que se passe-t-il dans ta tête ? Pour beaucoup d'entre nous, il y a cette envie irrésistible de... toucher ce bouton. Mais pourquoi ? Parce que dès qu'on nous dit de ne pas faire quelque chose, notre cerveau perçoit cette interdiction comme une restriction de notre liberté de choix. La réactance psychologique s'enclenche, et nous nous sentons poussés à défier l'ordre, même si nous savons qu'appuyer sur le bouton pourrait avoir des conséquences indésirables.

L'appel irrésistible du chocolat

Tu as décidé de suivre un régime strict, et soudain, tous les aliments "interdits" deviennent terriblement tentants. Le chocolat, les frites, les gâteaux... Tout ce que tu as banni semble soudain t'appeler avec insistance. Pourquoi ? Parce que l'interdiction même de ces aliments active une réactance psychologique et ton cerveau se dit que ta liberté de choisir ce que tu manges est menacée. Plus tu essayes de résister, plus le désir de céder à la tentation s'intensifie. C'est comme si chaque barre de chocolat devenait un symbole de ton autonomie perdue... et qu'il fallait la récupérer, coûte que coûte.

Ne rentrez pas trop tard !

Les parents le savent bien : dire à un adolescent "Ne rentre pas trop tard !" peut avoir exactement l'effet inverse. Pourquoi ? Parce que l'adolescent perçoit cette consigne comme une atteinte à sa liberté d'autonomie. Il n'entend pas "Je veux que tu sois en sécurité", mais plutôt "Je limite ta liberté de sortir". En réponse, la réactance psychologique s'active, et il peut être tenté de rentrer encore plus tard pour prouver qu'il est maître de son propre temps.

Le mode "Mute" automatique

Lors d'une réunion interminable, le responsable dit : "Je veux que tout le monde éteigne ses téléphones et se concentre sur la présentation." Immédiatement, tu ressens une forte envie de vérifier tes messages ou de faire défiler ton fil d'actualité discrètement. Pourquoi ? Parce que cette règle imposée semble restreindre ta liberté de gérer ton propre temps et ta propre attention. La réactance psychologique entre en jeu, et tout ce que veux faire, c'est braver cette interdiction, même si cela n'a aucun sens pratique.

Dernière chance pour acheter !

Les marketeurs adorent utiliser la réactance psychologique pour nous pousser à acheter. Lorsque tu vois une publicité indiquant : "Offre limitée ! Dernière chance pour acheter ce produit !", tu ressens soudainement une envie irrésistible de l'acheter, même si ce n'est pas quelque chose dont tu as réellement besoin. Pourquoi ? Parce que l'idée d'une "offre limitée" menace ta liberté de prendre une décision à ton propre rythme. Tu te sens obligé de réagir rapidement pour ne pas perdre cette opportunité, même si tu n'est pas intéressé au départ.

Tu devrais faire ça !

Dans une relation de couple, une simple phrase comme "Tu devrais faire ça" peut déclencher une réactance psychologique. Même si la suggestion est parfaitement raisonnable, la personne à qui elle est adressée peut ressentir cela comme une tentative de contrôle. Au lieu d'entendre un conseil bienveillant, elle perçoit une contrainte, une attaque à son autonomie personnelle, et réagit par un refus, une colère, ou un argument contraire, juste pour réaffirmer sa liberté de choisir.

Ne pas stationner ici !

Les panneaux "Interdiction de stationner" peuvent parfois générer une réactance psychologique chez les conducteurs. Certains vont alors chercher toutes les excuses possibles pour se garer exactement à cet endroit, même s'il y a un autre espace de stationnement disponible juste à côté. La réactance survient ici parce que l'interdiction semble arbitraire ou inutile, et notre cerveau veut prouver qu'il est encore libre de faire ce qu'il veut, même au risque d'une amende.

Pelouse interdite

Tu t'es déjà retrouvé dans un beau parc avec une pancarte indiquant "Ne pas marcher sur la pelouse" ou "Pelouse interdite". Pour beaucoup de gens (moi la première), cette interdiction déclenche immédiatement une envie de marcher sur l'herbe. Pourquoi ? Parce que notre cerveau voit cette pancarte comme une contrainte à notre liberté de profiter du parc comme on le souhaite. Et même si l'on sait que cette règle a probablement un but, on se sent poussé à la transgresser pour affirmer notre droit à l'autonomie.

Tu dois choisir entre A et B

Lorsque quelqu'un t'impose un choix limité, tu ressens souvent l'envie de choisir... l'option C, qui n'a même pas été proposée. Pourquoi ? Parce que le fait de limiter tes choix semble menacer ta liberté de décision. Ton cerveau veut prouver qu'il a encore le contrôle, même si cela signifie inventer une nouvelle option qui ne faisait pas partie de l'offre initiale.

Veuillez faire la queue ici

Enfin, dans les magasins, les consignes telles que "Veuillez faire la queue ici" peuvent parfois déclencher de la réactance psychologique. Certaines personnes ressentent le besoin de choisir une autre file, même si elle est plus longue, ou de rester en dehors des lignes marquées au sol. Pourquoi ? Parce que l'idée de devoir se conformer à une règle de manière stricte peut sembler restreindre notre liberté de mouvement, et notre cerveau réagit en voulant se libérer de cette contrainte perçue.

Présente partout et tout le temps !

Que ce soit en appuyant sur un bouton rouge interdit, en désirant un aliment pendant un régime, ou en défiant les consignes de file d'attente, la réactance psychologique se manifeste dans de nombreuses situations de la vie quotidienne. Notre cerveau n'aime pas qu'on lui dicte quoi faire, et il se battra souvent pour regagner son autonomie, même lorsque cette "bataille" semble totalement irrationnelle. Mais après tout, qui a dit que le cerveau était toujours logique quand il s'agit de protéger notre liberté ?

La réactance chez les ados

JE VIS AVEC UNE DE ces créatures mystérieuses et merveilleusement contradictoires qui semblent avoir un talent inné pour dire "non" dès qu'on leur suggère quelque chose d'utile. Le cerveau de nos ados est littéralement câblé pour être hypersensible à la réactance psychologique. Quand on leur dit "Ne fume pas", "Ne bois pas", "Ne sors pas la nuit", ou "Protège-toi lors de tes rapports", ils entendent souvent "Je t'enlève ta liberté", et leur réponse naturelle est de faire... exactement l'inverse. Alors, comment contourner cette réactance et les amener à prendre de meilleures décisions sans déclencher un réflexe de rébellion ?

Quelques stratégies efficaces pour aider nos ados à comprendre et à choisir d'eux-mêmes le chemin le plus sage.

> **Je te fais confiance**

PLUTÔT QUE D'IMPOSER des règles strictes, essaies de collaborer avec eux pour établir des limites. Par exemple, au lieu de dire "Tu ne peux pas sortir ce soir", demande : *"Que pourrais-tu faire pour que ta sortie se passe bien et que je n'aie pas à m'inquiéter ?"*

En les impliquant dans la prise de décision, tu transformes le cadre d'une règle imposée en une discussion ouverte, et ils se sentent plus investis dans le résultat.

De cette façon, ils ne ressentent pas que leur liberté est menacée, mais plutôt qu'ils ont un rôle actif dans le choix. Ce sentiment d'autonomie réduit la réactance psychologique, car ils ont l'impression de garder le contrôle.

L'objectif est de donner à l'adolescent l'occasion de réfléchir à ce qu'il peut mettre en place pour que tout le monde soit à l'aise. Cela pourrait inclure des idées comme :

- Proposer de rentrer à une heure raisonnable.

- Promettre de donner des nouvelles régulièrement.

- Assurer qu'il est en sécurité et en bonne compagnie.

L'idée est d'encourager l'ado à réfléchir à des compromis ou des solutions qui répondent à la fois à son désir de liberté et à tes préoccupations de parent, tout en évitant une confrontation directe qui pourrait déclencher une réactance psychologique.

› Je te comprends

Au lieu de leur dire simplement ce qu'ils ne doivent pas faire, prend le temps de comprendre leurs points de vue et leurs motivations. Par exemple : *"Je sais que fumer peut te donner l'impression d'être plus cool ou d'être accepté par tes amis. Je comprends pourquoi c'est tentant."* En reconnaissant leurs sentiments et leurs raisons, tu montres que tu ne minimises pas leur désir de liberté.

Ensuite, engage la conversation sur les conséquences possibles de leurs choix : *"Tu sais, ce que j'ai peur avec la cigarette, c'est que ça pourrait te causer des problèmes de santé à long terme. As-tu déjà pensé à ça ?"* En exprimant tes préoccupations plutôt que d'imposer tes règles, tu ouvres un espace de dialogue et encourages une réflexion plus profonde.

> Voici ce que tu dois savoir

Les adolescents résistent souvent aux restrictions parce qu'ils se sentent dépossédés de leur capacité de choix. Pour contrer cela, fourni-leur des informations complètes et impartiales sur les sujets qui les concernent – que ce soit la consommation d'alcool, le tabac, les rapports non protégés, etc.

Explique-leur les faits concrets : "*Voici ce qui arrive au corps quand on fume*", "*Voici les risques liés à l'alcool*", "*Voici pourquoi il est important de se protéger pendant un rapport.*"

Ensuite, laisse-les réfléchir et prendre leurs propres décisions avec des informations claires en tête. Leur donner des faits les responsabilise et les incite à faire leurs propres choix plutôt que de se rebeller contre ce qui est perçu comme une restriction arbitraire.

> Et si tu faisais le choix inverse ?

Une autre manière de contourner la réactance est de transformer le message négatif en un défi positif. Par exemple, au lieu de dire "*Ne sèche pas les cours*", tu pourrais dire : "*Imagine ce que tu pourrais accomplir si tu assistais à tous tes cours ce mois-ci !*"

Utilise des scénarios positifs qui stimulent leur imagination et leur esprit de compétition : "*Que se passerait-il si tu te fixais un défi de ne pas boire pendant un mois ? Comment te sentirais-tu ?*" L'idée est de motiver les adolescents à voir les bénéfices de la décision contraire à celle qu'ils pensent vouloir prendre.

> Écoute cette expérience

Parfois, il est plus efficace de partager des histoires vraies ou des témoignages de jeunes qui ont fait des choix similaires et en ont subi les conséquences, ou qui ont choisi de changer leur comportement et ont bénéficié des avantages. Plutôt que de leur dire quoi faire, laisse-les entendre comment d'autres ont vécu ces situations.

JE RÉAGIS, DONC JE SUIS !

"Tu te souviens de Max ? Il a arrêté de boire après avoir eu une expérience assez traumatisante lors d'une soirée. Il dit que c'est la meilleure décision qu'il ait jamais prise."

En montrant des modèles ou en racontant des histoires, tu leur donnes des exemples concrets sur lesquels réfléchir sans leur imposer une consigne.

On est tous passés par là

L'humour peut être une arme secrète pour contourner la réactance. Plutôt que de sermonner, utilise une approche humoristique pour faire passer le message. Par exemple : *"Alors, tu veux sortir jusqu'à 3 heures du matin, sans te protéger, et tout en fumant et buvant ? Cool, tu sais que tu viens de décrire la recette parfaite pour une nuit de cauchemar sur un lit d'hôpital ?"*

En abordant les sujets sensibles avec légèreté, tu rends la discussion moins tendue et moins susceptible de déclencher une réaction de défense.

› À toi d'assumer tes choix

Parfois, il est utile de laisser les adolescents découvrir par eux-mêmes les conséquences naturelles de leurs choix, dans un environnement sécurisé. Si possible, donne-leur la liberté de faire de petits choix et d'en assumer les résultats.

Par exemple, plutôt que de forcer un adolescent à se coucher tôt, explique-lui que se coucher tard aura probablement un impact sur son énergie et sa concentration le lendemain. Laisse-le ensuite découvrir par lui-même comment cela se manifeste. En découvrant les conséquences par eux-mêmes, ils sont plus susceptibles de prendre de meilleures décisions à l'avenir.

› Qu'est-ce que tu en penses ? Comment peux-tu y arriver ?

Donne-leur des responsabilités et encourage-les à prendre leurs propres décisions dans un cadre sécurisant. Pose des questions qui les amènent à réfléchir sur leurs choix : *"Quels sont les risques si tu choisis de ne pas te protéger ? Comment pourrais-tu éviter cela tout en t'amusant ?"*

Félicite-les pour leurs bonnes décisions et encourage-les à répéter ces comportements. Le renforcement positif – tout comme la réactance psychologique fonctionne avec la dopamine – peut les motiver à continuer sur la bonne voie.

Pour éviter de déclencher la réactance psychologique chez les adolescents, l'important est de créer un climat de confiance, de collaboration et d'autonomie. En les traitant comme des individus capables de réflexion, tu peux contourner leur instinct de rébellion et les amener à faire des choix plus sains et plus réfléchis.

Au final, il ne s'agit pas de les contrôler, mais de les guider pour qu'ils apprennent à se contrôler eux-mêmes.

Que faire quand notre ado adore prendre des risques ou, comment transformer la réactance en coopération (sans finir chauve avant l'heure)

SI TOI AUSSI TU ES parent d'un ado avec une bonne dose de réactance, tu sais déjà que les règles et les limites sont souvent accueillies par un regard défiant ou un grand "*pfff*". C'est comme essayer de retenir un kangourou en pleine crise de "non", et souvent, tu as l'impression que tu pourrais aussi bien parler à un mur... qui se moque de toi en plus. Alors, comment éviter que ton ado se mette en danger sans finir par t'arracher les cheveux un par un ? Voici quelques astuces pour appréhender cette période explosive avec humour et un peu de stratégie.

Créer un climat de confiance (sans devenir son meilleur pote)

Oublie l'idée d'imposer des règles avec un "parce que c'est comme ça !" – ça ne marchera pas. Ton ado avec une forte réactance va probablement penser : "Ah oui ? Regarde-moi bien faire le contraire !"

Essaie plutôt de parler avec ton ado comme à un adulte en herbe. Oui, je sais, ça demande de l'effort. Mais en montrant que tu respectes son opinion, même quand il raconte des trucs qui te semblent venus de Mars, tu ouvres la porte à une discussion réelle. Dis des trucs du genre : "Je m'inquiète vraiment quand tu prends des risques. Dis-moi, qu'est-ce que tu penses quand tu fais ça ?" Au lieu de te retrouver face à un mur, tu pourrais avoir un aperçu précieux de ce qui motive son comportement... ou au moins éviter de te faire claquer une porte au nez.

Parce que "tout ou rien", c'est mort !

Prenons pour exemple les ados avec TDAH, ils détestent les règles rigides – c'est un fait. Mais ils ont aussi besoin de limites claires pour se sentir en sécurité. L'astuce, c'est de trouver un juste milieu. Plutôt que de dire "Tu ne rentreras pas après 22h, un point c'est tout", propose un dialogue : "OK, discutons d'une heure de retour qui nous semble raisonnable à tous les deux." En lui donnant un peu de contrôle sur les règles, il est plus probable qu'il respecte ce qui est convenu.

Et n'oublie pas d'être clair sur les conséquences logiques : "Si tu ne rentres pas à l'heure, tu perds ton téléphone pour les 24 heures suivantes." Ce n'est pas une punition, c'est juste... une petite dose de réalité !

La thérapie en mode rigolo (mais sérieusement)

La thérapie cognitivo-comportementale (TCC) n'est pas juste un truc de psy. C'est une manière d'aider ton ado à voir ses propres pensées et comportements sous un autre angle. Mais ici, oublie le jargon. Par exemple, demande-lui : "Hé, tu penses quoi quand tu fais ce genre de truc ? Tu crois vraiment que c'est sans danger ou tu te sens juste invincible sur le moment ?"

L'idée, c'est de l'amener à réfléchir sur ses propres choix sans avoir l'air de le sermonner. Et si ça vient d'un thérapeute sympa, c'est encore mieux – il pourra peut-être mieux s'ouvrir et trouver d'autres moyens de satisfaire son besoin d'adrénaline.

Proposer des activités fun qui les occupent (et les éloignent du danger)

Ton ado cherche des sensations fortes ? OK.

Donc, au lieu de lui dire "Stop", propose-lui des alternatives excitantes qui ne finissent pas aux urgences. Sports extrêmes, danse urbaine, arts martiaux, escalade... tout ce qui bouge et défoule.

Et si ce n'est pas les sports qui l'attirent, pense aux activités créatives qui demandent autant de passion et d'énergie, comme le théâtre, la musique, ou le bénévolat dans une cause qui le touche. L'idée, c'est de canaliser cette énergie débordante vers quelque chose qui ne te fera pas grisonner prématurément.

Parler des conséquences (mais sans faire la morale)

Il a certainement souvent du mal à voir au-delà du moment présent. Donc, parler des conséquences doit être fait sans ton moralisateur. Au lieu de dire "Si tu continues comme ça, tu vas te casser la figure", essaie plutôt : "OK, tu sais ce qui pourrait arriver si tu fais ça, non ? On en parle, ou tu veux découvrir par toi-même ?"

L'idée est de les aider à se projeter dans l'avenir, mais avec légèreté. "Tu veux vraiment te réveiller demain matin avec une gueule de bois monumentale avant cet examen ? C'est ton choix, mais ça pourrait piquer un peu."

Encourager le positif (c'est toujours mieux que râler)

Un ado en général réagit mieux à la carotte qu'au bâton. Donc, au lieu de te focaliser sur ce qu'il ne fait pas bien, célèbre tout ce qu'il fait correctement, même si c'est minime. "Merci d'être rentré à l'heure hier soir, ça m'a fait plaisir." ou "C'était super cool de ta part de penser à envoyer un texto."

Utilise des récompenses tangibles qui fonctionnent vraiment pour lui – que ce soit un peu de temps de jeu supplémentaire, une sortie avec des amis, ou juste un film sympa ensemble. Renforcer les bons comportements, c'est leur donner envie de les reproduire.

Envisager l'aide médicale (sans en faire un drame)

Parfois, tout l'amour et toute la patience du monde ne suffisent pas, et c'est là que les pros entrent en scène. Si ton ado est souvent en danger malgré tout, parle à un médecin ou un psy pour voir si des options médicales peuvent l'aider à mieux gérer ses impulsions. Ça ne veut pas dire "mettre sous camisole chimique", juste voir s'il y a des outils supplémentaires pour l'aider à mieux fonctionner au quotidien.

Laisser découvrir les conséquences naturelles sans jouer à la roulette russe, est-ce possible ?

Parfois, l'une des meilleures leçons vient de la réalité. Par exemple, au lieu de forcer ton ado à se coucher tôt, laisse-le se coucher tard et découvre comment il se sent le lendemain. Bien sûr, on ne parle pas de le laisser faire tout ce qu'il veut (on garde un minimum de bon sens, hein), mais de choisir des situations où il peut apprendre par lui-même.

"Ah, tu es crevé aujourd'hui ? C'est probablement parce que tu as décidé de ne pas dormir avant 3 heures du matin hier. Tu veux essayer de te coucher plus tôt ce soir et voir si tu te sens mieux demain ?"

Gérer un ado « réactif », c'est comme danser sur un fil : il faut de l'équilibre, de l'adaptation, et surtout une bonne dose d'humour pour ne pas tomber dans le drame quotidien. En créant un climat de confiance et en leur donnant un peu de contrôle sur leur vie tout en gardant des limites claires, tu peux le guider sans entrer en guerre permanente. Il est important d'utiliser des approches spécifiques qui prennent en compte son impulsivité et sa difficulté à planifier à long terme. En combinant structure, communication claire, et renforcement positif, tout en proposant des alternatives stimulantes, tu pourras peut-être l'aider à voir par lui-même pourquoi certains de ses choix actuels ne sont pas dans son meilleur intérêt.

Et surtout, n'oublie pas de chercher du soutien pour toi aussi, car cette situation peut être épuisante émotionnellement. N'hésite pas à t'appuyer sur des professionnels, des amis, ou des groupes de parents qui traversent des défis similaires.

Transformer "Non !" en super-pouvoir

Plutôt que de voir ton besoin de dire "non" comme un défaut, considère-le comme un carburant. Tu sais déjà que tu n'aimes pas les règles pour le plaisir d'y obéir, alors pourquoi ne pas utiliser cette énergie de contestation pour des causes qui te tiennent à cœur ? Choisis tes batailles : est-ce que tu veux utiliser ton esprit rebelle pour résister aux injustices sociales, te battre pour les droits de quelqu'un, ou défendre une idée qui te passionne ? En canalisant cette énergie de rébellion vers quelque chose de constructif, tu transformes un TOP en moteur de changement.

On peut parfois avoir envie de se battre contre tout et tout le monde. Mais cela peut devenir vite épuisant... et parfois, contre-productif. Apprends à choisir tes batailles avec discernement. Toutes les règles ne sont pas injustes, et toutes les autorités ne méritent pas d'être défiées. Prends un moment pour évaluer : est-ce que cette situation mérite vraiment que tu te battes, ou est-ce que c'est juste ton réflexe de dire "non" qui parle ? En apprenant à faire ce tri, tu économises ton énergie pour les combats qui en valent vraiment la peine.

Ton envie de toujours remettre les choses en question peut aussi être une source de créativité incroyable. Tu vois le monde différemment, tu cherches des alternatives, tu trouves des solutions là où les autres ne voient que des murs. Utilise cette faculté pour innover, pour proposer des idées nouvelles, pour sortir des sentiers battus. Que ce soit au travail, dans tes loisirs, ou même dans ta vie quotidienne, laisse-toi porter par ton esprit d'opposition... mais dans une direction positive et créative. Ton "non" peut être la porte d'entrée vers quelque chose de complètement inédit.

L'une de tes grandes forces, c'est cette capacité à réagir vite et fort. Mais attention, parfois, ça peut se retourner contre toi si tu n'y prends pas garde. Apprends à reconnaître les moments où ton impulsivité te joue des tours. Prends une petite pause avant de réagir : respire, réfléchis, demande-toi si ça vaut vraiment le coup de monter au créneau. Parfois, garder ton "non" pour toi, c'est aussi une stratégie gagnante. Et qui sait, ça te donnera peut-être une meilleure opportunité pour exprimer ton point de vue plus tard, avec plus d'impact.

Ton opposition constante peut parfois donner l'impression aux autres que tu es "difficile", mais si tu arrives à tourner cette opposition en dialogue, tu ouvres des portes. Plutôt que de dire "Non, je ne suis pas d'accord", essaie : "Je vois les choses autrement, et voilà pourquoi". En expliquant calmement ton point de vue, tu permets aux autres de te comprendre sans se sentir attaqués. Et tu te donnes l'occasion d'être entendu, sans forcément devoir combattre à chaque fois. Le but, ce n'est pas d'éteindre ton esprit rebelle, mais de l'exprimer de manière plus constructive.

L'humour permet de désamorcer les situations tendues, de faire passer ton message sans agression, et parfois même de gagner des alliés là où tu pensais trouver des ennemis. Utilise ton esprit vif et ton sens de la répartie pour transformer les confrontations en moments de légèreté. Et puis, soyons honnêtes : rien n'est plus déstabilisant pour quelqu'un qui t'impose une règle que de te voir répondre par une bonne blague.

Trouve des alliés, des amis, des mentors qui comprennent ton besoin de liberté et de défi. Des gens qui ne te jugeront pas pour ton esprit rebelle, mais qui sauront aussi t'aider à canaliser ton énergie de manière productive. Évite ceux qui cherchent à te contrôler ou à te conformer à leurs attentes. Tu n'as pas besoin d'être tout le temps en guerre, mais tu as besoin d'être entouré de personnes qui respectent ton désir d'être toi-même.

Réagis, mais réfléchis !

Le TOP est une part de toi, une part qui te pousse à dire "non" quand tout le monde dit "oui". Et c'est une bonne chose, tant que tu apprends à choisir tes combats, à canaliser ton énergie, et à transformer ton opposition en force créatrice. Ne perds jamais de vue ton esprit rebelle, mais apprends aussi à l'utiliser pour construire, innover et t'épanouir. Parce qu'au fond, réagir, c'est aussi exister pleinement.

Gérer les situations de conflit et les moments de "réactance"

LE TOP PEUT TRANSFORMER même les situations les plus banales en véritables champs de bataille. La moindre consigne peut te donner envie de crier, la plus petite règle peut te donner envie de tout envoyer balader. Ces moments de "réactance" – quand tu sens que ton sang bouillonne parce qu'on t'impose quelque chose – sont difficiles à gérer, pour toi comme pour les autres. Mais, il existe des stratégies pour apaiser ces tensions et gérer ces conflits sans avoir besoin d'une armure de chevalier. Voici quelques astuces pour éviter que les situations de réactance ne se transforment en véritables guerres.

Quand tu sens monter en toi l'envie de dire "NON" avec force et fracas, commence par prendre une pause. Oui, c'est la technique de base, mais elle fonctionne. Imagine que ton esprit est comme une casserole sur le point de déborder : retirer la casserole du feu pendant quelques secondes peut éviter le désastre. Prends quelques respirations profondes, compte jusqu'à dix (ou vingt, selon ton niveau d'agitation), et laisse ce moment d'apaisement tempérer ton impulsivité. Cela ne veut pas dire que tu renonces à ton "non", mais que tu choisis le bon moment pour l'exprimer sans exploser.

"Et si... ?"

Quand tu te retrouves face à une situation qui te donne envie de tout contester, essaie de te poser une question simple : "Et si... ?" Par exemple : "Et si cette règle n'était pas une attaque contre ma liberté mais une tentative d'aider tout le monde à mieux travailler ensemble ?" ou "Et si cette demande n'était pas un défi personnel, mais juste une consigne pratique ?" En te forçant à envisager une autre perspective, tu peux parfois désamorcer la réactance en toi. Cela ne signifie pas que tu dois tout accepter aveuglément, mais que tu donnes une chance à une interprétation moins conflictuelle.

"Et si on faisait comme ça ?"

Au lieu de répondre par un "NON !" brut de décoffrage, essaie de transformer ton opposition en proposition. Par exemple, plutôt que de dire "Non, je refuse cette règle", dis "Et si on trouvait une solution qui fonctionne pour nous tous ?"

Cela montre que tu es ouvert au dialogue et à la recherche de compromis. En proposant une alternative, tu gardes ton esprit critique tout en montrant que tu n'es pas seulement là pour défier pour le plaisir. C'est comme faire du kung-fu verbal : tu rediriges l'énergie du conflit vers une issue constructive.

Il y a souvent des déclencheurs spécifiques qui activent ton envie de tout contester. Ça peut être une certaine personne, un type de situation (comme les réunions interminables), ou des phrases particulières ("Il faut absolument que tu fasses ça"). Apprends à identifier ces déclencheurs et prépare-toi mentalement à les affronter. Savoir que tu vas réagir te permet de te préparer et d'adopter des stratégies pour éviter de monter immédiatement au créneau. C'est un peu comme connaître les règles du jeu avant de jouer : tu peux mieux anticiper les mouvements et éviter les pièges.

Quand tu sens que le conflit est sur le point d'exploser, essaie d'utiliser l'humour pour désamorcer la tension. L'humour peut être un excellent moyen de montrer que tu contestes sans agression. Plutôt que de dire "C'est n'importe quoi cette règle !", essaie "Ah, on essaie le mode difficile aujourd'hui ?" ou quelque chose de léger qui montre que tu es en désaccord sans te transformer en guerrier prêt à tout casser. L'humour a cette capacité magique de transformer les conflits en conversations plus détendues, où l'on peut encore trouver un terrain d'entente.

Parfois, la réactance surgit parce que tu sens que quelque chose en toi est menacé – ton besoin de liberté, d'autonomie, de respect, etc. Apprends à reconnaître tes besoins et à les exprimer clairement. Par exemple, au lieu de dire "Je ne ferai pas ça !", essaie de dire "J'ai besoin de me sentir entendu(e) et respecté(e) dans cette situation. Est-ce qu'on peut en parler ?" Cela peut changer totalement la dynamique du conflit, en montrant que ton opposition est en réalité un appel à la reconnaissance de tes besoins. Cela amène l'autre à te comprendre plutôt qu'à se braquer.

Quand on est dans un moment de réactance, tout semble extrêmement important et urgent. Mais, est-ce que ça l'est vraiment ? Prends un instant pour relativiser l'enjeu de la situation. Demande-toi : "Est-ce que ce conflit aura encore de l'importance dans une semaine ? Dans un mois ?" Parfois, réaliser que tu es prêt à te battre pour une chose mineure peut t'aider à redescendre d'un cran. Ce n'est pas un signe de faiblesse, mais de sagesse. En choisissant de lâcher prise sur des détails, tu gardes ton énergie pour les véritables batailles.

Trouver un compromis, ce n'est pas céder ou se soumettre, c'est reconnaître que chacun peut mettre un peu d'eau dans son vin pour éviter de se noyer. Quand tu es en conflit, essaie de voir ce que tu es prêt à concéder sans te trahir. Dis-toi que c'est comme négocier avec ton propre cerveau : tu as ton "non", et l'autre a son "oui", et quelque part au milieu, il y a un terrain d'entente où vous pouvez avancer ensemble. Ce compromis, c'est une façon d'exprimer ton esprit de défi tout en restant ouvert au dialogue.

Réagir sans exploser

Les situations de réactance font partie de ton quotidien avec le TOP, mais elles n'ont pas à tourner au drame à chaque fois. En apprenant à prendre du recul, à exprimer ton opposition de manière constructive, et à choisir tes batailles, tu transformes ces moments de tension en opportunités de dialogue, de compréhension, et même de créativité. Parce qu'après tout, réagir, c'est bien, mais réagir intelligemment, c'est encore mieux.

Garder son calme quand tout le monde perd la tête !

IL EXISTE DES TECHNIQUES de gestion émotionnelle qui peuvent t'aider à traverser les vagues émotionnelles sans te laisser emporter. Voici quelques stratégies pour garder ton calme et mieux t'adapter aux situations qui te poussent à bout.

La pleine conscience consiste à ramener ton attention sur le moment présent, sans jugement. C'est une technique qui peut t'aider à prendre du recul par rapport à tes émotions et à tes réactions. Quand tu sens la tension monter ou que tu es prêt à exploser de frustration, prends une minute pour te recentrer. Observe simplement ce que tu ressens – sans chercher à l'analyser ou à le juger. Ferme les yeux, respire profondément, et concentre-toi sur le moment présent : les bruits autour de toi, la sensation de tes pieds sur le sol, la température de l'air. Ce moment d'ancrage peut être suffisant pour calmer ton esprit et réduire l'impulsivité.

Le self-talk positif (parler à son cerveau comme à son meilleur pote)

Ton cerveau peut parfois être ton pire ennemi, surtout quand il s'emballe dans des spirales de réactance. Le self-talk positif consiste à utiliser des affirmations ou des phrases encourageantes pour te rappeler que tu es capable de gérer la situation sans exploser. Remplace tes pensées négatives ("Ils veulent tous m'imposer leurs règles !") par des pensées plus constructives ("Je peux gérer cette situation à ma manière. Je garde le contrôle"). C'est avoir une petite conversation avec soi-même pour éviter que notre esprit ne bascule du côté obscur. C'est un peu bizarre au début, mais étonnamment efficace !

Quand tu te sens sur le point de craquer, pense aux trois C. Non pas ceux du réveil mais : Calme, Clarté, Contrôle.

Calme : Respire profondément pour apaiser ton corps et ton esprit. Relâche les tensions physiques que tu peux ressentir, que ce soit dans tes épaules, ta mâchoire, ou ton ventre.

Clarté : Demande-toi quel est le véritable problème qui te pousse à réagir. Est-ce vraiment cette petite remarque, ou est-ce quelque chose de plus profond ? En cherchant la source de ton irritation, tu peux mieux comprendre pourquoi tu te sens ainsi.

Contrôle : Rappelle-toi que tu as le pouvoir de choisir comment tu réagis. Même quand la situation semble t'échapper, tu peux toujours contrôler tes mots et tes actions.

Cette technique te donne un cadre pour gérer tes émotions de manière plus réfléchie, plutôt que de te laisser emporter par elles.

Utilise **la visualisation** pour imaginer comment tu voudrais que la situation se termine, plutôt que de te concentrer sur ce qui te frustre. Ferme les yeux et imagine-toi réagissant calmement, de manière posée, en expliquant clairement ton point de vue. Visualise l'autre personne écoutant, compréhensive, et trouvant un compromis. En créant une image mentale positive, tu entraînes ton cerveau à chercher des solutions plutôt qu'à se préparer à la confrontation. C'est comme répéter une scène de film dans ta tête, mais avec un happy ending !

Quand tu te sens en colère ou frustré, essaie de noter ton niveau de colère sur une échelle de 1 à 10. Par exemple, 1 serait "Je suis un peu agacé" et 10 serait "Je suis sur le point d'exploser". En identifiant ton niveau d'émotion, tu prends du recul et tu évites de te laisser emporter. Ensuite, demande-toi : "Qu'est-ce qui pourrait réduire cette intensité de moitié ?" Cette technique te force à réfléchir à des solutions apaisantes plutôt que de rester coincé dans le conflit.

Pour mieux gérer ces moments de réactance, il est essentiel d'avoir **une activité de décompression** qui te permet de relâcher la pression. Ça peut être n'importe quoi : courir, faire du yoga, danser comme un fou dans ton salon, dessiner, écouter de la musique à fond, ou même hurler dans un oreiller (si, si, ça marche !). L'idée, c'est de trouver quelque chose qui te permet de libérer tes émotions sans tout casser autour de toi. Quand tu sais que tu as ce moment de relâchement à venir, il est plus facile de tenir bon face aux moments de tension.

Se donner la permission de dire "Stop" (et de s'éloigner quand c'est nécessaire). Parce que parfois, la meilleure façon de gérer une situation de réactance, c'est simplement de t'éloigner temporairement. Donne-toi la permission de dire "Stop, j'ai besoin d'un moment". Il n'y a pas de honte à reconnaître que tu as besoin d'un break pour ne pas exploser. Va prendre l'air, bois un verre d'eau, change de pièce... Peu importe, tant que tu te donnes le temps de reprendre ton souffle et de retrouver ton calme. Se donner cette permission, c'est reconnaître tes limites et savoir les respecter.

La thérapie d'acceptation et d'engagement (ACT) est une approche qui t'invite à accepter tes émotions, plutôt que de lutter contre elles. Il s'agit d'identifier ce qui est important pour toi, tes valeurs fondamentales, et d'agir en accord avec elles, même lorsque tu te sens submergé par des émotions difficiles. Cela te permet de ne pas rester figé dans la réactance, mais d'avancer malgré la tempête émotionnelle. Garde le cap sur ton phare intérieur même en pleine tempête.

Apprivoiser ses émotions pour ne pas se laisser déborder

Les techniques de gestion émotionnelle ne te demanderont pas de devenir quelqu'un d'autre ou de supprimer ton esprit rebelle. Elles sont là pour t'aider à mieux gérer cette intensité, à trouver des moments de pause dans la tempête, et à choisir tes réactions plutôt que de les subir. Parce que même avec le TOP, tu peux apprendre à nager sans te noyer dans tes émotions, avancer avec plus de calme et de maîtrise, sans renoncer à ton essence, ni perdre de vue qui tu es vraiment.

Conseils pratiques pour survivre dans un monde structuré

Quand on est né pour danser hors des lignes

Tu te sens parfois comme un chat dans un champ de tulipes quand tu dois évoluer dans ce monde rigide où tout semble cadré, ordonné, et minuté à la perfection ? Entre les règles, les horaires, les routines, et les attentes sociales, ça peut vite ressembler à une mission impossible pour quelqu'un qui ne rentre pas dans le moule ou qui adore casser ce moule à coups de créativité, de rébellion, ou de questionnements incessants.

Que tu sois HPI, TDA/H, TSA, TOP, ou une combinaison des quatre (et oui, c'est possible !), voici quelques conseils pratiques pour te permettre de survivre et même de t'épanouir dans ce monde structuré sans trop perdre tes plumes ni ton sens de l'humour.

Gérer l'impulsivité et les comportements opposants

FAIS-TOI DES ALLIÉS parmi les règles

La structure peut parfois te sembler insupportable, mais au lieu de te battre contre elle, transforme-la en un jeu. Fais de chaque étape franchie un défi ludique, un trophée à gagner. Ajoute des récompenses pour te motiver : un smoothie si tu finis avant l'heure, une soirée cinéma si tu tiens une semaine de routine. Ainsi, tu canalises ton impulsivité vers des objectifs clairs, tout en gardant l'aspect amusant. Ton impulsivité devient alors une force qui te pousse à gagner plutôt qu'à détruire.

> **Pause plaisir obligatoire !**

Si tu te sens étouffé par la journée, impose-toi des pauses plaisir. Ces moments de décompression sont essentiels pour gérer ton impulsivité. Prends cinq minutes pour méditer, marche, danse, ou bois un café tranquille. Ces pauses te permettent de calmer l'orage intérieur et de relâcher la pression accumulée, réduisant ainsi les réactions impulsives. Planifie-les comme des rendez-vous avec toi-même pour éviter de te sentir piégé(e) par les contraintes de la journée.

> **Soyons réalistes mais restons fun**

Apprends à faire des compromis avec toi-même. Tu peux détester la structure, mais sans elle, tu risques de te retrouver à dériver. Accepte un peu de structure là où c'est nécessaire, mais donne-toi aussi des libertés là où tu peux. En choisissant tes batailles, tu utilises ton impulsivité pour t'affirmer là où ça compte vraiment, tout en maintenant un équilibre entre contraintes et liberté. Cela te permet de rester motivé(e) sans exploser à chaque obstacle.

Améliorer les relations interpersonnelles et professionnelles

> **Deviens l'architecte de ton quotidien**

DANS TES RELATIONS, que ce soit au travail ou dans ta vie personnelle, prends l'initiative de créer tes propres règles de communication et de collaboration. Propose des alternatives qui respectent à la fois les attentes des autres et tes besoins personnels. Par exemple, si une réunion te stresse, demande à la faire en marchant ou en télétravail. En prenant cette position proactive, tu montres que tu es ouvert(e) aux compromis tout en affirmant tes préférences. Cela te permet de gagner en respect et en compréhension.

> **La technique du "Oui, mais..."**

Améliore tes relations en utilisant le "Oui, mais..." en accepter une partie de la structure tout en y ajoutant ta touche personnelle peut adoucir les conflits potentiels. Si tu dis "Oui, mais..." au lieu de "Non", tu ouvres la porte au dialogue et à la négociation, ce qui est souvent mieux perçu dans un cadre professionnel ou personnel. Cela te permet de montrer que tu es flexible, tout en restant fidèle à toi-même.

Utilise ton esprit créatif pour détourner les contraintes en opportunités

Ton esprit créatif peut devenir ton meilleur allié dans tes relations. Propose des solutions innovantes, surprends avec des idées originales, ou transforme des tâches ennuyeuses en projets passionnants. Quand tu utilises ta créativité pour résoudre des problèmes, tu montres aux autres que tu es capable d'apporter de la valeur d'une manière unique. Cela renforce les liens et l'estime que les autres ont pour toi, que ce soit au bureau ou à la maison.

Stratégies pour mieux gérer les situations perçues comme contraignantes ou injustes

› Le pouvoir des mini-changements

MÊME DANS LES SITUATIONS les plus contraignantes, cherche les petites marges de manœuvre. Change l'ordre des tâches, réarrange ton espace de travail, ou introduis des rituels personnels qui te font sourire. Ces mini-changements donnent un sentiment de contrôle dans un environnement rigide, rendant les contraintes plus acceptables. Utilise ces petites victoires pour te sentir plus à l'aise, même quand le cadre semble inflexible.

› Négocie ta propre version des règles

Face à des situations que tu perçois comme injustes ou contraignantes, essaie de négocier ta propre version des règles. Trouve des solutions créatives qui respectent les attentes sans te brider complètement. Par exemple, propose de réaliser une tâche différemment si cela te permet de la faire mieux ou plus efficacement. En prenant en main ta propre manière d'interagir avec les contraintes, tu transformes ce qui te semble injuste en quelque chose de plus équitable.

› La technique du "Oui, mais..." (encore)

Quand tu es confronté(e) à une situation contraignante, la technique du "Oui, mais..." te permet de concilier tes besoins avec ceux de ton environnement. Plutôt que de refuser en bloc, montre que tu es prêt(e) à jouer le jeu tout en négociant des conditions qui te conviennent mieux. Cela évite les confrontations directes et transforme les situations perçues comme injustes en opportunités de compromis et de dialogue.

JE RÉAGIS, DONC JE SUIS !

Se repérer dans la jungle des TND (et du HPI)

Comment ne pas perdre le nord avec tous ces acronymes ?

Oui, je vous entends ronchonner d'ici : « Le HPI n'est pas un trouble... », mais il a parfois (souvent) des similitudes dans certaines de ses manifestations avec des profils plus "diagnostiqués". L'hyper-stimulation mentale, la réactivité émotionnelle, ou encore la difficulté à se conformer aux attentes sociales peuvent ressembler à ce que vivent les personnes avec TDA/H, TSA, ou même TOP. La différence ? Ce n'est pas une question de déficience ou de dysfonctionnement, mais plutôt de degré, de contexte, et d'interprétation de ces caractéristiques.

Alors, se retrouver dans l'univers des diagnostics, c'est partir en expédition dans une jungle dense, armé d'une boussole cassée et d'une carte froissée. Entre les TSA, TDA/H, TOP, HPI, et j'en passe, on a vite fait de se perdre. Même si le HPI n'est pas un "trouble" à proprement parler, il est souvent jeté dans le même sac à cause de ses ressemblances et souvent sa comorbidité avec d'autres profils, comme le TSA. Je vais essayer de défricher tout ça et éclaircir ce qui distingue chaque profil en évitant de s'arracher les cheveux !

D'abord, chaque profil a ses spécificités bien à lui, même si certains comportements peuvent sembler similaires à première vue. Prenons le TSA, par exemple. Il s'agit d'un spectre qui englobe différents types de fonctionnement atypique, souvent marqués par des difficultés à capter les subtilités des interactions sociales, des comportements répétitifs ou des intérêts restreints, et parfois une sensibilité sensorielle hors du commun. La personne avec TSA peut avoir l'impression de vivre dans un monde où les règles sociales sont écrites en tout petit, quelque part dans un manuel qu'on ne lui a jamais donné. À côté de ça, il y a le TDA/H : on pense souvent à l'enfant turbulent qui ne tient pas en place, mais ça va bien au-delà. C'est comme avoir un cerveau qui a deux vitesses – soit tout va trop vite et tu zappes d'une idée à l'autre, soit tu hyper-focuses sur un truc et t'oublies tout le reste, même de manger ou d'aller aux toilettes. Pas pratique au quotidien, mais ça fait de belles anecdotes !

Le TOP, lui, c'est l'art de dire "Non !" avec une passion qui frise le talent. Imagine une personne qui se réveille le matin avec cette envie de défier tout ce qui ressemble de près ou de loin à une figure d'autorité. C'est plus fort qu'elle : chaque règle, chaque consigne est comme une invitation à la rébellion. Et puis il y a le HPI... Alors oui, le HPI n'est pas un trouble, mais il se retrouve souvent dans cette conversation parce qu'il partage quelques traits avec les autres : une pensée rapide comme l'éclair, un besoin quasi vital de comprendre le "pourquoi" derrière chaque chose, et parfois un sentiment d'être un peu en décalage avec le reste du monde, comme un surfeur qui cherche la vague parfaite dans une mer calme.

Pourquoi est-ce que tout ça devient si confus ? Parce que certains de ces profils peuvent présenter des caractéristiques similaires, et c'est là que le bât blesse. Par exemple, une personne HPI et une personne avec TSA peuvent toutes deux montrer une hypersensibilité sensorielle. L'une sera dérangée par la lumière fluorescente parce qu'elle la perçoit comme une agression sensorielle pure et simple (coucou le TSA), tandis que l'autre (le HPI) se dira : "Mais pourquoi ces fichues lumières doivent-elles toujours clignoter comme dans une boîte de nuit ?" Les deux peuvent se sentir envahis, mais pas pour les mêmes raisons.

Les difficultés sociales, c'est pareil : une personne avec TOP peut se retrouver en conflit avec tout ce qui porte une cravate, parce qu'elle déteste l'autorité par principe. Pendant ce temps, une personne HPI peut avoir l'impression que les discussions de groupe ressemblent à une pièce de théâtre dont elle n'a pas eu le texte. Et puis, bien sûr, le TDA/H entre en scène avec sa tendance à couper la parole ou à répondre trop vite, juste parce que le cerveau est déjà parti sur la prochaine question.

Alors, comment s'y retrouver ? Déjà, il faut comprendre que chaque profil a ses propres motivations. Une personne HPI qui questionne tout ne le fait pas pour embêter le monde, mais parce qu'elle a un besoin pressant de comprendre la logique qui se cache derrière chaque règle (ou l'absence de logique, d'ailleurs), ou peut-être est-elle en mode caméléon et inhibe sa curiosité. À l'inverse, une personne avec TOP réagit souvent au quart de tour à toute tentative de contrôle, non pas par besoin de comprendre, mais plutôt par besoin de défendre son territoire intérieur contre ce qui est perçu comme une intrusion.

Ensuite, il faut garder en tête que ces profils ne sont pas des boîtes rigides. Ce sont des spectres, des gammes de traits qui peuvent se chevaucher, se superposer, ou se confondre. Une personne peut tout à fait être HPI avec un zeste de TDA/H, ou avoir un TSA tout en présentant un haut potentiel intellectuel. Et pour corser le tout, une personne peut aussi bien manifester des traits de plusieurs profils à la fois, créant une sorte de cocktail unique qui ne rentre dans aucune case standard.

Ce qui est important, c'est de ne pas se laisser piéger par les étiquettes, mais plutôt de voir au-delà des comportements visibles pour comprendre ce qui motive vraiment une personne. Est-ce une recherche de sens intense, une hypersensibilité aux stimuli, un besoin de contrôle ou un simple rejet de l'autorité ? En y regardant de plus près, on peut trouver des approches qui aident vraiment, que ce soit des outils pour gérer l'impulsivité du TDA/H, des techniques pour calmer l'hypersensibilité sensorielle du TSA, ou des stratégies pour canaliser l'énergie rebelle du TOP.

Et puis, plutôt que de se battre contre ces différences, on peut choisir de les accepter. Après tout, ces profils apportent aussi des forces et des talents uniques. Le secret, c'est d'apprendre à jongler avec toutes ces caractéristiques sans perdre de vue ce qui fait que chaque personne est spéciale à sa manière. On peut voir ça comme une aventure, une exploration intérieure pour mieux comprendre soi-même ou ceux qui nous entourent, avec une bonne dose d'humour et de patience.

Récap. des différences fondamentales entre chaque profil

TSA : Il s'agit d'un spectre de troubles neuro-développementaux qui affectent la communication, les interactions sociales, et se caractérisent souvent par des intérêts restreints et des comportements répétitifs. Les personnes TSA ont des difficultés à comprendre les normes sociales implicites, être hypersensibles ou hypo-sensibles aux stimuli sensoriels, et préférer des routines stables.

TDA/H : Ce trouble affecte la régulation de l'attention, le contrôle de l'impulsivité, et parfois l'hyperactivité. Les personnes avec TDA/H peuvent avoir des difficultés à rester concentrées sur une tâche, être facilement distraites, et peuvent aussi agir de manière impulsive ou hyperactive. Ce n'est pas un manque d'attention volontaire, mais plutôt une difficulté à filtrer et à réguler les stimuli.

TOP : Le TOP est un trouble caractérisé par une attitude persistante d'opposition, de défi, et de provocation envers l'autorité. Les personnes avec TOP peuvent souvent entrer en conflit avec des figures d'autorité, résister aux consignes, et montrer des comportements vindicatifs ou colériques, surtout quand elles se sentent contraintes ou injustement traitées.

HPI : Le HPI, ou *douance* intellectuelle, n'est pas un trouble mais plutôt un profil cognitif. Les personnes HPI ont un QI significativement supérieur à la moyenne (généralement au-dessus de 130). Elles présentent souvent une pensée rapide, une grande capacité d'analyse, de créativité, et un fort besoin de sens. Toutefois, elles peuvent parfois être confondues avec d'autres profils (comme le TSA ou le TDA/H) en raison de caractéristiques similaires, telles que la sensibilité émotionnelle, l'hypersensibilité sensorielle, ou des comportements inattendus face à l'autorité.

Les similitudes qui créent la confusion

CES DIFFÉRENTS PROFILS partagent des caractéristiques communes, ce qui peut entraîner des confusions de diagnostic ou des étiquettes multiples. Voici quelques similitudes qui peuvent troubler :

Hypersensibilité sensorielle : Les personnes TSA et HPI peuvent toutes deux être hypersensibles aux stimuli sensoriels (lumières, sons, textures). Une personne HPI peut percevoir une lumière fluorescente comme perturbante ou trouver certains sons insupportables, tout comme une personne TSA.

Difficultés sociales et émotionnelles : Les personnes avec TSA, TDA/H, TOP, et HPI peuvent toutes éprouver des difficultés dans les interactions sociales, bien que pour des raisons différentes. Le TSA peut rendre complexe la lecture des signaux sociaux implicites, le TDA/H peut provoquer des comportements impulsifs inappropriés, le TOP peut créer des conflits en raison de la provocation, et le HPI peut se sentir décalé par rapport aux autres en raison de leur rapidité de pensée ou de leur recherche de sens profond.

Besoin d'autonomie et de contrôle : Les personnes avec TOP, HPI, et parfois TSA partagent un fort besoin de contrôler leur environnement ou de se sentir autonomes. Chez les HPI, ce besoin peut être motivé par une recherche de logique et de cohérence ; chez les TOP, il est souvent lié à une réactance contre les contraintes ; chez les TSA, il peut résulter d'un besoin de stabilité et de prévisibilité.

Réactivité émotionnelle : Les HPI, TOP, et parfois les personnes avec TDA/H ou TSA, montrent souvent une réactivité émotionnelle accrue. Les émotions peuvent être vécues de manière intense, que ce soit une forte empathie, une colère explosive, ou une hypersensibilité aux critiques.

Quand les étiquettes se mélangent - Être sois-même c'est déjà pas mal !

TU TE DEMANDES DONC où tu te situes dans cette forêt dense de diagnostics et de profils, et quel acronyme – s'il y en a un – te colle à la peau. C'est normal de se poser ces questions quand on jongle avec des traits qui semblent s'entremêler : un peu de HPI par-ci, un soupçon de TDA/H par-là, une pincée de traits TSA, et parfois même une tendance au TOP (parce qu'après tout, qui n'aime pas dire "non" de temps en temps, surtout quand ça devient croustillant ?).

Pour commencer, rappelle-toi que ces "étiquettes" ne sont pas des définitions gravées dans le marbre ; ce sont des outils pour comprendre certains aspects de ton fonctionnement. Ce ne sont pas des prisons qui dictent qui tu es ou ce que tu deviendras. Alors, comment savoir si tu es plutôt HPI, TDA/H, TSA, TOP, ou un subtil mélange de tout ça ? Voici quelques pistes pour t'aider à y voir plus clair.

Premièrement, observe-toi comme un scientifique curieux et sans te juger !

Afin de comprendre qui tu es, mets toi dans la peau d'un chercheur qui étudie son propre comportement. Observe-toi dans différentes situations et note ce que tu ressens et comment tu réagis. Par exemple, quand tu te retrouves face à une règle ou une consigne, est-ce que tu te sens immédiatement révolté(e), prêt(e) à défier l'autorité comme un chevalier sur son destrier ? Si oui, il se peut que tu aies des tendances TOP, ce petit côté provocateur qui adore secouer l'ordre établi.

Mais peut-être que ta réaction est plus subtile et que tu ressens le besoin de comprendre la logique derrière cette règle. Tu ne peux pas t'empêcher de poser une montagne de questions avant d'accepter quoi que ce soit. Si c'est le cas, ça sent le HPI à plein nez – cette quête incessante de sens et de compréhension. Ou peut-être te sens-tu envahi(e) par l'anxiété, surtout si la situation implique des changements imprévus ou des interactions sociales complexes, ce qui pourrait pointer vers des traits TSA.

Enfin, si tu constates que tu es souvent distrait(e), que tu as du mal à rester concentré(e) sur une tâche longue et que ton esprit saute d'une idée à l'autre comme une grenouille sur un nénuphar, il y a peut-être un peu de TDA/H dans le mélange. Ne te limite pas à une seule observation ; prends le temps de noter tes schémas de comportement et de penser à ce qui semble le plus te définir.

Ensuite, interroge-toi sur tes ressentis et tes motivations profondes. Au-delà des comportements observables, pose-toi des questions sur tes motivations intérieures. Quand tu résistes ou que tu t'opposes, pourquoi le fais-tu ? Est-ce que tu veux simplement tester les limites et affirmer ta liberté (ça, c'est le TOP qui parle) ? Ou bien est-ce que tu cherches à comprendre et à valider ce qu'on te demande parce que tu veux être sûr(e) que ça fait sens pour toi (on est alors plus du côté HPI) ? Si, au contraire, tu te sens surtout submergé(e) par les bruits, les lumières, ou par les interactions sociales, et que tu as besoin de routines strictes pour te sentir bien, tu pourrais avoir des traits TSA.

Si tu te retrouves à sauter d'un projet à l'autre, incapable de terminer ce que tu commences, mais plein(e) d'idées géniales qui fusent dans tous les sens, il est possible que le TDA/H fasse partie de l'équation. L'idée ici est de comprendre ce qui te motive vraiment, ce qui te met en route ou te freine. En connaissant tes moteurs internes, tu pourras plus facilement te situer parmi ces profils.

Il est aussi important de réaliser que tu n'as pas besoin de rentrer dans une seule case. Les comorbidités, c'est-à-dire la présence de plusieurs traits ou diagnostics chez une même personne, sont courantes. Par exemple, tu peux être à la fois HPI et avoir des traits de TDA/H, ce qui expliquerait pourquoi tu es brillant(e) pour imaginer de nouvelles idées mais parfois moins efficace pour les exécuter jusqu'au bout.

Peut-être que tu as un côté TSA qui te rend hypersensible aux sons ou aux lumières, mais en même temps un esprit de contradiction (TOP) qui te fait bouillir à chaque fois que quelqu'un te dit quoi faire sans te consulter. Tu es comme un plat unique avec plusieurs saveurs – un peu sucré, un peu salé, parfois même épicé – et c'est ce qui te rend spécial(e).

Il peut être difficile de voir soi-même ce qui se passe à l'intérieur de notre propre tête. Dans ce cas, il peut être utile de demander un avis extérieur. Consulter un psychologue spécialisé, un neuropsychologue, ou un psychiatre peut t'aider à clarifier les choses. Ces professionnels utilisent des outils d'évaluation qui peuvent mettre en lumière tes forces et tes défis particuliers, et t'aider à voir où tu te situes.

Ils peuvent t'aider à comprendre si tes comportements relèvent plutôt du HPI, du TDA/H, du TSA, ou du TOP, ou s'il y a une combinaison de plusieurs de ces traits. Et contrairement à ce que l'on pourrait croire, ces consultations ne sont pas là pour te coller une étiquette à vie, mais pour te donner des pistes pour mieux te comprendre et t'adapter.

Enfin, quelle que soit la conclusion à laquelle tu arrives, accepte que ton fonctionnement est unique et ne rentre pas forcément dans une case bien définie. Tu n'es pas une liste de symptômes ou une série de comportements à cocher sur une feuille. Tu es une personne complexe avec des talents, des défis, des forces et des faiblesses. Plutôt que de chercher à absolument te coller une étiquette, essaie de voir comment tu peux utiliser tes caractéristiques pour mieux vivre ton quotidien.

Si tu es HPI, profite de ton cerveau rapide et créatif, mais apprends aussi à gérer ton besoin de comprendre et de trouver du sens. Si tu as des traits de TDA/H, utilise ton énergie et ta capacité à penser vite, mais trouve des stratégies pour rester concentré(e) quand c'est nécessaire. Si tu as des caractéristiques TSA, valorise ta sensibilité et ta capacité à voir le monde d'une manière unique, tout en trouvant des moyens de gérer ton anxiété ou ton besoin de routine. Et si tu te reconnais dans le TOP, apprécie ta force de caractère et ta capacité à défier l'ordre établi, mais entraîne-toi à choisir tes batailles pour ne pas te brûler les ailes.

> **En résumé : être toi-même, c'est déjà pas mal !**

Chercher à savoir qui tu es parmi tous ces acronymes peut être un voyage enrichissant, mais aussi un peu chaotique. Tu es un mélange unique de caractéristiques, alors plutôt que de te perdre dans des diagnostics, essaie de te concentrer sur ce qui fonctionne pour toi, ce qui te fait avancer, et ce qui te permet de vivre une vie épanouie, à ta manière. Parce qu'en fin de compte, être soi-même, c'est déjà un sacré super-pouvoir !

Le diagnostic comme un point de départ, pas une fin en soi

SI TU TE SENS EN SOUFFRANCE, l'idée de chercher un diagnostic n'est pas d'ajouter une nouvelle étiquette qui te limiterait, mais au contraire, d'obtenir des outils pour mieux comprendre ce qui se passe à l'intérieur de toi. Un diagnostic peut te donner la légitimité d'être toi, avec tes spécificités et tes défis uniques. Ce n'est pas une boîte dans laquelle on te range, mais plutôt une sorte de manuel d'instructions qui t'aide à comprendre comment ton cerveau fonctionne, pourquoi tu réagis de certaines manières, et comment tu peux mieux vivre avec ces particularités.

Prenons l'exemple d'une personne qui serait à la fois HPI et TDA/H. Sans diagnostic, elle pourrait se dire que son esprit qui papillonne sans cesse est une preuve de faiblesse, d'un manque de volonté ou de discipline. Mais en découvrant que ses difficultés de concentration sont liées au TDA/H et que son besoin constant de stimulation intellectuelle provient du HPI, cette personne comprend que ce n'est pas "de sa faute". Elle apprend à utiliser des stratégies spécifiques pour gérer son attention et trouve des environnements qui nourrissent sa curiosité sans l'épuiser.

Un autre exemple, une personne avec des traits TSA qui a toujours eu du mal avec les interactions sociales ou les environnements sensoriels surchargés. Avant le diagnostic, elle peut se sentir incomprise, isolée, ou même coupable de ne pas "réussir" ce qui semble si facile aux autres. Après le diagnostic, elle comprend pourquoi ces situations sont difficiles, ce qui lui permet de chercher des environnements et des interactions qui respectent sa sensibilité, tout en trouvant des moyens de s'épanouir à sa manière.

De même, une personne avec TOP qui sent qu'elle entre en conflit avec tout le monde, tout le temps, peut trouver dans le diagnostic une explication à ce besoin intense de défi et de résistance. Elle apprend alors à choisir ses combats et à canaliser son esprit de contestation vers des causes qui lui tiennent à cœur, au lieu de s'épuiser dans des luttes sans fin.

Un diagnostic ouvre la porte à des aides concrètes et adaptées comme des accompagnements professionnels, des séances de thérapie ou de coaching spécialisées ; des aménagements scolaires ou professionnels ; des groupes de soutien où tu peux rencontrer des personnes qui vivent des situations similaires et partager des stratégies. Savoir que tu n'es pas seul(e), que d'autres comprennent ce que tu traverses et que tu peux trouver du soutien, c'est déjà un immense pas vers le mieux-être.

Et puis il y a des thérapies qui peuvent vraiment faire une différence comme la thérapie cognitivo-comportementale (TCC) pour gérer les impulsivités et les comportements réactifs du TDA/H ou du TOP, la méditation de pleine conscience pour apprendre à calmer un cerveau HPI toujours en ébullition, ou encore les thérapies d'acceptation et d'engagement (ACT) pour t'aider à accepter tes différences et avancer malgré les difficultés.

Le diagnostic, c'est la base sur laquelle tu peux construire des stratégies qui fonctionnent pour toi. Une fois que tu sais comment ton cerveau fonctionne, tu peux chercher des moyens pour tirer parti de tes forces et réduire l'impact de tes défis. Ce qui est libérateur, c'est que tu arrêtes de te battre contre toi-même. Tu commences à travailler avec toi-même. Tu choisis des méthodes et des environnements qui te conviennent mieux, tu adoptes des routines ou des outils qui facilitent ton quotidien, et tu trouves des moyens de vivre une vie qui te ressemble.

Le diagnostic n'est pas une fin ; c'est le début d'un nouveau chapitre où tu apprends à mieux te connaître et à vivre en accord avec qui tu es. Si tu te sens en souffrance, chercher à comprendre pourquoi peut être un acte de bienveillance envers toi-même. Plutôt que de te juger ou de te sentir perdu(e), tu te donnes l'opportunité de trouver des réponses, des solutions, et surtout, un chemin vers une vie plus sereine et épanouie.

Donc, si tu sens que quelque chose cloche, que tu es épuisé(e) de te battre contre des difficultés invisibles, n'hésite pas à chercher un avis professionnel. Parfois, mettre un nom sur ce qui te traverse, c'est le premier pas pour arrêter de te sentir "bizarre" ou "défectueux", et commencer à te voir tel que tu es : unique, avec tes propres couleurs, et absolument digne de trouver ton équilibre et ton bonheur.

Déconstruire les étiquettes et trouver son propre chemin

On aime bien coller des étiquettes, non ? Comme si chaque personne pouvait se résumer en quelques lettres magiques : HPI, TDA/H, TSA, TOP... Mais derrière ces acronymes se cache un monde bien plus complexe, plus riche, et, disons-le franchement, plus humain. Alors, au-delà de ces petites cases bien pratiques pour les manuels et les formulaires, il est peut-être temps de faire un peu de ménage dans nos idées préconçues, de déconstruire ces étiquettes et de tracer notre propre chemin.

Rappelle-toi, tout a commencé quand quelqu'un a décidé de m'étiqueter "TOP" sans vraiment chercher plus loin que le bout de son nez. Oui, apparemment, mon comportement parfois impulsif, ma tendance à remettre en question certaines règles absurdes, et mon refus catégorique d'obéir aveuglément en faisait une évidence : "Tu es un vrai cas de TOP" Et moi, je me suis retrouvée là, face à cette nouvelle case dans laquelle on me mettait et qui ne résonnait pas vraiment avec ce que je vivais. Un peu comme si on m'avait collé un pansement sur le bras pour soigner un mal de tête.

En réalité, je ne suis pas TOP. Je suis TDAH et TSA. Mon monde est un tourbillon constant d'idées, de pensées qui fusent à toute vitesse, d'une hypersensibilité qui me fait ressentir chaque détail comme un séisme et d'un besoin de comprendre chaque petit morceau du puzzle qu'est la vie. Mon comportement n'est pas une simple rébellion contre l'autorité pour le plaisir de dire "non". C'est bien plus complexe que ça. C'est une manière de survivre dans un monde qui semble souvent tellement rigide, tellement sourd aux besoins que j'ai de stimulation intellectuelle, de logique, et d'équilibre sensoriel.

Le problème, c'est que la personne qui m'a collé cette étiquette de TOP n'a pas pris la peine de chercher à comprendre d'où venaient mes réactions, mes "non" qui n'en étaient pas vraiment. Peut-être qu'elle ne voyait que mes refus, mon incapacité à rester tranquille quand on m'imposait des règles incompréhensibles, et elle s'est dit : "Ah, voilà une qui a un problème avec l'autorité." Sauf que ce n'était pas ça du tout. C'était juste moi, qui avance comme je peux avec un cerveau atypique, une sensibilité à fleur de peau, et une attention qui court un marathon de galipettes sur un trempoline, et ce, tous les jours.

Alors, toi, qui lis ces lignes, peut-être qu'un jour, une personne non-informée t'a aussi collé une étiquette trop vite. Oui, on peut avoir des traits qui se croisent, des caractéristiques qui se mélangent mais en fait, ces étiquettes, qu'elles soient TOP, TDA/H, TSA, HPI, ou tout ce que l'on voudra, ne sont qu'une petite partie de ce que nous sommes. Elles peuvent expliquer certains de nos comportements, mais elles ne racontent jamais toute l'histoire. Elles ne capturent ni nos nuances, ni notre richesse, ni notre potentiel.

Déconstruire les étiquettes, c'est reconnaître qu'elles ne définissent qu'une facette de notre personnalité. Elles ne peuvent pas englober toute notre complexité. On peut être un peu de tout ça à la fois et pourtant rester unique, avec des rêves, des talents, et des envies qui ne rentrent pas dans une case prédéfinie.

Il faut se rappeler que les étiquettes, aussi utiles soient-elles pour comprendre certains comportements ou pour obtenir des aides, ne sont que des points de repère. Elles ne capturent pas toute l'histoire. C'est un peu comme lire le titre d'un livre sans jamais en tourner les pages. Les étiquettes ne disent rien de tes passions, de tes rêves, de tes forces cachées ou de ta capacité à t'adapter. Elles ne définissent pas ta capacité à aimer, à rire aux éclats, à te relever après chaque chute. Bref, elles ne racontent pas ton histoire.

Le danger des étiquettes, c'est qu'elles peuvent finir par te restreindre. Quand on te dit que tu es "TDA/H", on te parle de ton attention en mille morceaux, mais qui parle de ta créativité explosive, de ton énergie sans bornes, de ta capacité à voir des liens là où personne d'autre n'en voit ? Quand on te classe "HPI", on te colle l'étiquette de l'intellectuel, mais qui te félicite pour ton empathie, ta sensibilité exacerbée, ou ta capacité à ressentir le monde avec une telle intensité que tu en es presque ivre ?

Pour déconstruire ces étiquettes, il faut commencer par accepter qu'elles ne sont qu'une partie de qui tu es. Elles ne te définissent pas, elles t'aident à te comprendre un peu mieux, et c'est tout. Utilise-les comme des outils, comme des lunettes pour voir certaines choses de plus près, mais ne les laisse pas devenir des murs qui t'enferment.

Trouver ton propre chemin, c'est apprendre à te connaître au-delà des diagnostics. C'est te poser des questions honnêtes : "Qu'est-ce qui me fait vibrer ? Qu'est-ce qui m'éteint ? Où est-ce que je veux aller ? Qui ai-je envie d'être ?" C'est accepter que tu puisses avoir des côtés TDAH qui t'emmènent partout à la fois, des moments de TSA où tu as besoin de calme et de structure, et même des instants où tu ressens une pointe de TOP en toi parce qu'on t'a poussé(e) à bout.

Trouver ton propre chemin, c'est aussi oser explorer en dehors des balises. C'est accepter tes contradictions : être à la fois calme et tempétueux, rationnel et émotionnel, solitaire et sociable. C'est découvrir que tu n'es pas une addition de caractéristiques, mais un tout unique et complexe, un kaléidoscope d'expériences, d'émotions, et de pensées.

Alors, comment tracer ton propre chemin ? Commence par te demander : "Qu'est-ce que je veux vraiment ?" Pas ce que l'on attend de toi, pas ce que l'étiquette dit que tu devrais faire, mais ce que toi, tu désires profondément. Autorise-toi à rêver en dehors des cases. Si tu sens que tu es fait(e) pour peindre des toiles gigantesques en pleine nature, alors vas-y ! Si tu veux créer une start-up qui mélange poésie et technologie, pourquoi pas ? Si tu veux simplement être heureux(se) sans avoir à justifier qui tu es, c'est encore mieux.

Déconstruire les étiquettes, c'est aussi accepter que le chemin peut être sinueux, qu'il y aura des détours, des moments de doute, et parfois même des retours en arrière. Mais c'est ton chemin. C'est toi qui décides de chaque pas, de chaque direction, de chaque changement de cap. C'est toi qui choisis ce qui te définit et ce qui ne te définit pas.

Alors, garde les étiquettes si elles t'aident à mieux te comprendre, mais ne t'y accroche pas comme si elles étaient tout ce que tu es. Laisse-toi la liberté d'être bien plus que des lettres, bien plus que des cases. Parce qu'au final, trouver ton propre chemin, c'est accepter que tu es un être en constante évolution, toujours en mouvement, toujours en quête de ce qui fait que la vie vaut la peine d'être vécue.

JE RÉAGIS, DONC JE SUIS !

121

Conclusion

De l'opposition à l'autonomie

Tout au long de ce livre, nous avons exploré comment l'opposition, qu'elle soit motivée par un TOP tenace, un HPI curieux, un TDA/H hyperactif ou même des traits de TSA hypersensibles, peut devenir une force motrice plutôt qu'un obstacle. L'opposition, ce fameux "non" instinctif que l'on balance parfois avant même d'avoir réfléchi, n'est pas forcément une mauvaise chose. En fait, elle peut être une expression puissante de ton besoin d'autonomie, de ta volonté de dire au monde : "Hé, je suis là, et j'existe à ma manière !"

Le chemin de l'opposition à l'autonomie, c'est d'abord reconnaître que ton envie de défier, de questionner ou de contourner les règles n'est pas une tare, mais une forme de revendication de ton identité. Oui, le monde est structuré, parfois même un peu trop, mais cela ne signifie pas que tu dois perdre ta singularité ou te laisser écraser par des contraintes qui ne te ressemblent pas.

En apprenant à gérer tes impulsions avec créativité, à transformer les règles en jeux ou en opportunités, et à utiliser des stratégies qui te permettent de concilier tes besoins avec ceux des autres, tu passes d'une posture de défi permanent à une attitude d'autonomie assumée. Tu n'es plus simplement celui ou celle qui s'oppose, mais celui ou celle qui choisit, qui décide de quand et comment dire "oui", "non", ou même "oui, mais...".

Ton opposition devient alors un choix conscient, une affirmation de ton droit à être toi-même dans un monde qui essaie parfois de te mettre dans une boîte trop étroite. En embrassant ton esprit de contradiction et en apprenant à le canaliser, tu te donnes la chance de vivre selon tes propres termes, sans te renier, sans te limiter, et surtout sans te perdre.

Continue d'explorer, de questionner, d'opposer, mais fais-le avec intention et discernement. Transforme chaque "non" en un outil de découverte, chaque contrainte en une opportunité de créativité, et chaque difficulté en un pas de plus vers l'autonomie. Parce que, finalement, ce n'est pas seulement de l'opposition, mais de la découverte de qui tu es vraiment et de la manière dont tu choisis de vivre ta vie, avec toutes ses couleurs, ses contrastes et sa richesse infinie.

JE RÉAGIS, DONC JE SUIS !

Glossaire

Cortex :

La couche externe du cerveau, responsable de nombreuses fonctions complexes comme la pensée, la perception, la planification, le langage et le traitement des informations sensorielles. Il est divisé en plusieurs régions, dont le cortex cingulaire antérieur et le cortex pré-frontal.

Cortex cingulaire antérieur (CCA) :

RÉGION DU CERVEAU IMPLIQUÉE dans la gestion des émotions, la détection des erreurs et la prise de décision. Il aide à réguler l'attention et à gérer les conflits internes.

Cortex moteur :

RÉGION DU CORTEX CÉRÉBRAL impliquée dans la planification, le contrôle et l'exécution des mouvements volontaires. Il envoie les signaux nécessaires aux muscles pour effectuer des actions.

Cortex pré-frontal :

PARTIE DU CERVEAU SITUÉE à l'avant du cortex, responsable de la planification, du raisonnement, de la prise de décision et du contrôle des impulsions. Il est souvent décrit comme le centre de contrôle du cerveau.

Cortex sensoriel :

RÉGION DU CERVEAU RESPONSABLE du traitement des informations provenant des cinq sens (toucher, vision, audition, goût, odorat). Il est situé principalement dans le lobe pariétal et permet de percevoir les sensations physiques comme la température, la douleur, la pression ou les textures.

JE RÉAGIS, DONC JE SUIS !

Cortex visuel :

PARTIE DU cortex cérébral située à l'arrière du cerveau (dans le lobe occipital) responsable du traitement des informations visuelles.

Cortisol :

UNE HORMONE PRODUITE par le corps en réponse au stress. Le cortisol aide à réguler le métabolisme, l'inflammation, et la réponse au stress, mais une production excessive peut entraîner de la fatigue et des problèmes de santé.

Dopamine :

UN NEUROTRANSMETTEUR qui joue un rôle dans la récompense et la motivation. Elle est souvent associée aux sensations de plaisir, mais elle est également impliquée dans la régulation de l'attention et des comportements moteurs.

Empathie :

CAPACITÉ À COMPRENDRE et à partager les émotions et les sentiments d'autrui. L'empathie est cruciale pour les interactions sociales et le soutien émotionnel.

Hippocampe :

STRUCTURE CÉRÉBRALE en forme de hippocampe (d'où son nom) située dans le système limbique. Elle est principalement responsable de la formation de nouveaux souvenirs et de la navigation spatiale.

HPI (Haut Potentiel Intellectuel) :

CARACTÉRISTIQUE COGNITIVE des personnes ayant un QI supérieur à la moyenne. Le HPI est souvent associé à une pensée rapide, une forte créativité, mais peut aussi entraîner des difficultés d'adaptation sociale.

Neurodiversité :

CONCEPT QUI RECONNAÎT que les différences neurologiques (comme l'autisme, le TDA/H, ou le HPI) sont des variations naturelles du cerveau humain et non des troubles à "corriger".

Amygdale :

Une petite région en forme d'amande située dans le cerveau, qui joue un rôle crucial dans la gestion des émotions, notamment la peur, l'anxiété et les réponses à des situations menaçantes. Elle est également impliquée dans la formation des souvenirs émotionnels.

Neurones :

LES CELLULES NERVEUSES qui transmettent les informations dans le cerveau et le système nerveux. Elles communiquent entre elles grâce à des impulsions électriques et des signaux chimiques, jouant un rôle clé dans toutes les fonctions cérébrales.

Neurodivergence :

TERME UTILISÉ POUR décrire des personnes dont le développement neurologique diffère de la norme, par exemple, les personnes avec TSA, TDA/H ou HPI. Cela fait partie du concept de neurodiversité, qui reconnaît ces différences comme des variations naturelles.

JE RÉAGIS, DONC JE SUIS !

Neurotransmetteurs :

DES SUBSTANCES CHIMIQUES qui permettent la transmission des signaux entre les neurones. Les principaux neurotransmetteurs incluent la dopamine, la sérotonine, et la noradrénaline, qui sont tous impliqués dans la régulation de l'humeur, du comportement et des fonctions cognitives.

Plasticité cérébrale :

CAPACITÉ DU CERVEAU à se remodeler en formant de nouvelles connexions entre les neurones, notamment après une expérience d'apprentissage ou une lésion. Cette flexibilité est particulièrement importante dans le développement, l'apprentissage et la récupération après des traumatismes cérébraux.

Réactance psychologique :

RÉACTION PSYCHOLOGIQUE face à la perception d'une restriction de liberté ou d'autonomie. Elle pousse souvent à réagir de manière opposée à ce qui est attendu ou imposé.

Sérotonine :

UN NEUROTRANSMETTEUR qui régule l'humeur, le sommeil et l'appétit. Un déséquilibre de la sérotonine est souvent associé à des troubles de l'humeur comme la dépression ou l'anxiété.

Surcharge cognitive :

PHÉNOMÈNE QUI SURVIENT lorsque le cerveau est submergé par un excès d'informations ou de tâches à traiter simultanément, entraînant une fatigue mentale ou des difficultés de concentration.

Synapses :

LES CONNEXIONS ENTRE deux neurones où les signaux électriques ou chimiques sont échangés. Ces points de contact permettent la communication dans le cerveau.

Système limbique :

UNE STRUCTURE DU CERVEAU qui régule les émotions, la mémoire et le comportement. Il comprend plusieurs régions importantes, telles que l'amygdale et l'hippocampe, et est souvent associé aux réponses émotionnelles.

TDA/H (Trouble Déficitaire de l'Attention avec ou sans Hyperactivité) :

TROUBLE NEURODÉVELOPPEMENTAL caractérisé par une difficulté à maintenir l'attention, une hyperactivité et une impulsivité. Il peut affecter la concentration et la gestion des tâches au quotidien.

TSA (Trouble du Spectre de l'Autisme) :

TROUBLE NEURODÉVELOPPEMENTAL qui affecte la communication, les interactions sociales et le comportement. Il peut s'accompagner de sensibilités sensorielles et de schémas de pensée différents.

TOP (Trouble Oppositionnel avec Provocation) :

UN TROUBLE DU COMPORTEMENT caractérisé par une attitude systématiquement négative, hostile ou provocante envers l'autorité. Les personnes avec un TOP ont tendance à contester les règles, à s'opposer fréquemment aux demandes, et à montrer de l'irritabilité ou de la colère. Ce trouble apparaît souvent durant l'enfance ou l'adolescence, mais peut persister à l'âge adulte sous des formes plus subtiles.

JE RÉAGIS, DONC JE SUIS !

Du même auteur :

TDAH & TSA dans la même personne - C'est quoi ce bazar ?

TDAH - Comment s'organiser ?

www.ingramcontent.com/pod-product-compliance
Lightning Source LLC
Chambersburg PA
CBHW071337150726
47997CB00002B/756